Helmut Woll

Kommentare zu Ökonomie und Religion

Bibliografische Information der Deutschen Nationalbibliothek: Die Deutsche
Nationalbibliothek verzeichnet diese Publikation in der Deutschen
Nationalbibliografie; detaillierte bibliografische Daten sind im Internet über
dnb.dnb.de abrufbar.

Herstellung und Verlag: BoD – Books on Demand, Norderstedt
ISBN: 978-3-7534-8738-0

Inhalt

1. Vorbemerkungen

Wir kommen auch heute um die Gretchenfrage nicht herum. Denn wer die Dogmengeschichte der Ökonomie intensiv studiert, stößt unweigerlich auf ihr religiöses Fundament. So ist der ‚Wohlstand der Nationen‘ von Adam Smith aus dem Jahre 1776 ohne den Deismus nicht denkbar. Dieser sieht den Schöpfer der Welt als einen Uhrmacher, der das Uhrwerk erschaffen hat und sich dann zurückzieht, um dem Uhrwerk einen selbstständigen Verlauf zu ermöglichen. Die Uhrmachermetapher wird dann von Adam Smith auf die Ökonomie übertragen. Diese neue Wissenschaft wird göttlich legitimiert. Sie enthält ein Uhrwerk – der Marktprozess –, das gnadenlos die Wirtschaft im Gleichgewicht hält und eine gerechte Ordnung hervorbringt. Der Autor hat sich in den letzten Jahren verstärkt auch mit ethischen und religiösen Fragen beschäftigt. Im Folgenden können somit unterschiedliche Kommentare zu Ökonomie und Religion abgedruckt werden, wobei Ökonomie und Religion als eigenständige, ausdifferenzierte Gebiete gesehen werden.

Leopold Kohr, Ivan Illich und Friedrich Schumacher haben ihre ökonomischen Analysen auch auf einem religiösen Fundament gegründet. Sie fordern eine Wachstumsbegrenzung und eine Rückkehr zum menschlichen Maß. Darauf aufbauend begründet Rudolf zur Lippe eine ‚Plurale Ökonomie‘ auf philosophischer Grundlage. Die soziale Frage wurde bei Ivan Illich und Rudolf Steiner unterschiedlich interpretiert. Hier ein Vergleich der beiden Positionen: Illich legt das Schwergewicht auf die wissenschaftlichen Herausforderungen, Steiner betont die geistigen Hintergründe.

Rudolf Steiner hat seinen Nationalökonomischen Kurs auch als einen Beitrag zur praktischen christlichen Erneuerung des modernen Lebens begriffen. Er beansprucht, die Basiskategorien der Ökonomie in einem neuen geisteswissenschaftlichen Zusammenhang zu sehen. Dieser Ansatz wurde bisher von der Fachwissenschaft komplett ignoriert. Deswegen ist es notwendig, die 14 Vorträge ausgiebig zu kommentieren.

Botho Strauß hat die religiöse Uninteressiertheit des modernen Menschen beklagt und den ‚anschwellenden Bocksgesang‘ intoniert. Er fordert einen

‚Aufstand gegen die sekundäre Welt'. Seine Thesen wurden heftig diskutiert. Fast dreißig Jahre später scheint eine sachliche Diskussion möglich zu sein.

Das apokalyptische Denken ist wieder in den Fokus der Diskussion gerückt. Schon Oswald Spengler sah vor hundert Jahren den Untergang des Abendlandes am Firmament aufscheinen. Arno Bammé hat sich mit dieser Frage intensiv auseinandergesetzt.

Der Homo oeconomicus erhält bei Kritikern und Befürwortern oft einen religiösen Status. Karl Jaspers sieht das Ganze aus einer nüchternen philosophischen Perspektive. Giorgio Agamben stellt die Frage: Wird der Kapitalismus nicht zu einem Religionsersatz? Er plädiert demgegenüber, in Einklang mit Ivan Illich, die mittelalterlichen Klöster in ihrer vorbildhaften Ökonomie wieder in den Mittelpunkt des Interesses zu rücken. Rudolf zur Lippe hat in seiner ‚Pluralen Ökonomie' das Verdienst, die ökonomische Theorie und die aktuelle Reformbewegung aus einer technokratischen Sackgasse zu befreien, indem er diese in einem philosophischen Lebenskontext interpretiert.

Der Geist des Kapitalismus wird meist mit der protestantischen Ethik assoziiert. Doch auch der Katholizismus muss zu dieser Thematik befragt werden. Michael Novak weist in diesem Zusammenhang auf die katholische Ethik hin. So war auch in katholischen Städten eine Wohlstandsentwicklung feststellbar. Zugleich bestand eine große Skepsis gegenüber dem Markt, der als eine anonyme, unmenschliche Macht interpretiert wurde.

Man (Bernhard Nagel) kann davon ausgehen, dass die mittelalterlichen Klöster auch Orte ökonomischer Prosperität waren. Kann die moderne Ökonomie daraus brauchbare Schlüsse ziehen?

Hans Joas hat aufgezeigt, dass die moderne Wissenschaft nicht notwendigerweise zu einer ‚gottfremden Macht' (Max Weber) werden muss. Er hat die Diskussion um die Religion in der Soziologie auf den Punkt gebracht und die bisherigen Einseitigkeiten korrigiert.

Aufgrund der Globalisierung ist das Interesse an der islamischen Wirtschaftsauffassung gewachsen. Eigentum, Zakat und Riba sind bemerkenswerte sozialpolitische Begriffe aus dem Islam.

Der Islamgelehrte Seyyed Hossein Nasr hat in seinen berühmten Vorlesungen in Glasgow die Verbindung von abendländischer Religion und Islam auf wissenschaftlicher Ebene thematisiert. Er beschäftigt sich mit der ‚Erkenntnis des Heiligen‘. Hier werden seine Thesen mit den Positionen von Ivan Illich in einen Vergleich gesetzt. Am Schluss stellt sich die ironische Frage von Martin Heidegger, ob wir auf dem Holzweg oder auf dem Feldweg der Erkenntnis sind.

Das vorliegende Buch beruht konzeptionell auf den ‚Unkonventionellen Zugängen zur Ökonomie‘ von 2019 aus dem Metropolis Verlag in Marburg. Es handelt sich um additive Beiträge zu Ökonomie und Religion.

2. Alternative Denker mit lebenspraktischer Perspektive: Leopold Kohr, Ivan Illich und Friedrich Ernst Schumacher

Einleitung

Bereits in den 1970er-Jahren wurde durch unsere Diplomarbeit (Hoffmnn/Woll 1974 bzw. 1981) deutlich, dass die Berechnung des Sozialprodukts eine hohe Fehlerquote aufweist und nicht in der Lage ist, Qualitäten des wirtschaftlichen Wachstums zu bestimmen. Das Sozialprodukt setzt sich zusammen aus den Leistungen des Marktes und des Staates. Hier zeigt sich schon die erste Unsystematik. Der Markt weist Marktpreise aus (Outputs), der Staat kennt keine Marktpreise und kann nur Inputs erfassen. Oligopolistische Preise erhöhen das Sozialprodukt, obwohl sie nur eine Verzerrung der Preise sind. Eigenarbeit wird unzulänglich ermittelt. Weitere Fehler könnten angeführt werden. Bei der Qualitätsfrage ist die Lage noch düsterer. William Kapp hat als einer der ersten darauf hingewiesen. Er hat gezeigt, dass Marktwirtschaften soziale Kosten verursachen, die nicht als Lebensqualitätsminderung erfasst werden. So werden Umweltverschmutzungen von Unternehmen nicht in der Kostenrechnung der Betriebe erfasst, sondern fallen der Allgemeinheit anheim. Jeder kennt mittlerweile das Beispiel, dass Unfälle auf der Autobahn das Sozialprodukt erhöhen, weil Reparaturleistungen anfallen, in Wirklichkeit aber eine Wertvernichtung darstellen. Allgemein bekannt sind auch die Studien des Club of Rome, der ebenfalls in den 1970er-Jahren auf die Grenzen des Wachstums hingewiesen hat. Aber auch von philosophischer Seite wurde das westliche Wachstumsmodell einer scharfen Kritik unterzogen.

Leopold Kohr (1909-1986)

Der Ökonom und Philosoph Leopold Kohr hat sich in seinem wissenschaftlichen Leben vor allem mit der Frage beschäftigt, ob es eine optimale Größe für soziale Gemeinschaften gibt. Er hat seine Lebensfrage mit einem schlichten Ja beantwortet. Folgerichtig hat Kohr bereits 1952 auf der Tagung der American Economic Association – ohne Erfolg – vorgeschlagen, dass es nun darauf ankomme, das Wachstum zu begrenzen. Nicht Wachstumspolitik sei gefragt, sondern

Strukturpolitik im Sinne der Begrenzung der Größe von politischen und ökonomischen Einheiten. Übergrößen und übermäßiges Wachstum sollten reduziert werden. Übermächtige Staaten sollten dezentralisiert werden. „Die einzige wirksame Möglichkeit, den Frieden zu erhalten, besteht darin, die der Mächtigkeit zugrundeliegende Größe der Nationen unter jenen Punkt zu reduzieren, an dem sie zur kritischen Übermacht wird." (Kohr 2006/S.36)

Bereits 1957 hat Kohr in seinem Buch „The Breakdown of Nations" vorgeschlagen, anstelle des GNP (Gross National Product) den Lebensstandard in LUX (Luxusgüter) zu messen. „Denn während die Produktivität mit der Größe einer Gesellschaft wächst, nehmen die Kosten der Gesellschaft (oder, wie E. J. Mishan sie nennt, die Kosten des Wirtschaftswachstums) nach einer bestimmten Expansion in mehr als einem entsprechenden Verhältnis zu. Daraus folgt, dass ein stetig wachsender Anteil des Bruttosozialprodukts dem Wohlstand der Bürger entzogen werden muss." (Kohr 2006/S.43)

Ivan Illich (1926-2002)

Der Kulturkritiker Ivan Illich war der wissenschaftlichen Meinung, dass die warenproduzierende westliche Zivilisation die sozialen Verhältnisse über einen monetären Kamm schert und damit jegliches Maß verloren hat. Die Folgen sind Wachstumsfetischismus, die imperiale Übertragung des westlichen Wirtschaftsmodells auf die Dritte Welt und die Entstehung einer Bürokratie, die das politische und soziale Leben verwaltet. Gesundheit und Bildung werden zu Waren, die mithilfe von Experten dirigiert werden. Es entsteht eine uniforme, subjektlose Gesellschaft.

Illich plädiert für eine lebensbejahende Gesellschaft mit autonomen und kreativen Tätigkeiten. „Das Werkzeug ist konvivial in dem Maße, als jeder es ohne Schwierigkeiten benutzen kann, so oft oder so selten wie er will, und zwar zu Zwecken, die er selbst bestimmt. Der Gebrauch, den ein jeder davon macht, greift nicht in die Freiheit des anderen ein, es ebenso oder anders zu machen. Niemand braucht ein Diplom für das Recht, sich seiner zu bedienen; man kann es benutzen oder lassen. Zwischen dem Menschen und der Welt wirkt es als Vermittler von Sinn, als Übersetzer von Intentionalität." (Illich 1975/S.53) Manche Werkzeuge sind in sich zerstörerisch, das gilt vor allem für die Atomenergie. Er wendet sich gegen die Wachstumsideologen, gegen den ‚Mythos der Maschine' (Lewis Mumford). Die Subsistenzwirtschaft darf nicht ausgerottet werden. In Anlehnung an Leopold Kohr und E.F. Schumacher sind überschaubare wirtschaftliche und politische Einheiten zu schaffen, die mit mittlerer Technologie ausgestattet sind. „Eine fortgeschrittene Technik könnte ebenso gut die Mühsal der Arbeit verringern und auf hunderterlei Weise der Entfaltung persönlich produzierter Werke dienen." (Illich 1975/S.73) Illich weist schon sehr früh auf die Umweltzerstörung und die Notwendigkeit einer Verringerung des Wachstums hin. „Die Umweltkrise zum Beispiel wird nur oberflächlich behandelt, wenn man nicht folgendes klarstellt: Die Errichtung von Emissionsschutzanlagen wird nur dann Wirkungen zeigen, wenn sie von einer Verringerung der Weltproduktion begleitet ist." (Illich 1975/S.86)

Ernst F. Schumacher (1911-1977)

Ernst Friedrich Schumacher hat die Erkenntnisse seiner beiden Vordenker in internationale Stiftungen implantiert, die ökologische Projekte fördern, die weltweit ‚Angepasste Technologien' in überschaubaren Räumen in die Tat umsetzen. Dadurch wird es erst möglich, dass die Mitglieder der Gesellschaft sowohl über technologische und soziale als auch politische Fragen eigenständig bestimmen können: ‚Small is beautiful'.

Schumacher wirft in seinem weltberühmten Buch ‚Small is beautiful' der Gesellschaft vor, dass sie davon ausgehe, dass die Frage der Produktion gelöst sei. Man glaubt, es ginge immer besser, schneller und weiter. Dies sei ein großer Irrtum. Er weist bereits in den 1970er-Jahren auf die Umweltzerstörungen durch moderne Produktionsanlagen, auf eine überdimensionierte Technologie und auf hierarchische Organisationsstrukturen hin. „Ich sagte zu Anfang, einer der verhängnisvollen Irrtümer bestehe in dem Glauben unseres Zeitalters, das Problem der Produktion sei gelöst. Diese Täuschung, so sagte ich, gehe hauptsächlich auf unsere Unfähigkeit zurück zu erkennen, dass das moderne Industriesystem mit all seiner intellektuellen Verfeinerung die Basis aufbraucht, auf der sie errichtet wurde." (Schumacher 1977/S.17) Mit überdimensionierter Technologie meint er vor allem die Kernenergie, die er wegen ihrer Unbeherrschbarkeit rundweg ablehnt. Die moderne Ökonomik glaubt, dass der Wohlstand eine friedensstiftende Funktion hätte. Dieser These widerspricht er vehement, da das Wirtschaftssystem auf Neid und Egoismus aufgebaut ist und damit imperiale Züge in sich trägt.

„Die moderne Wirtschaft wird von einem Rausch der Habsucht vorwärtsgetrieben und schwelgt in der Orgie des Neides. Das aber sind keine zufälligen Züge, sondern die eigentlichen Ursachen ihres auf Ausdehnung gerichteten Erfolges." (Schumacher 1977/S.27)

Fazit

Wenn man rückblickend diese wachstumskritischen Thesen liest, so stellt man fest, dass sie längst in der Mitte der Wissenschaft und Gesellschaft angekommen sind. Die Kritik am Wachstum ist ein Allgemeingut geworden. Eine neue Berechnung des Sozialprodukts wird zwar immer wieder propagiert, aber es liegt bisher keine überzeugende Alternative vor. Unseren drei Denkern ist gemeinsam, dass sie die traditionelle wissenschaftliche Methode ablehnen, die ihre Erkenntnisse vor allem mit Hilfe quantitativer Methoden absichert. Sie bauen auf den gesunden Menschenverstand und eine philosophische Argumentationsweise. Es geht nicht um scheinbar wertneutrales, nützlichkeitsorientiertes Denken, sondern um Weisheit und Klugheit. Illich hat am vehementesten ein freies Geistesleben theoretisch vertreten und praktisch vorgelebt. Er stritt für freie Schulen im Sinne Paulo Freires, für eine philosophische Erneuerung des Industriesystems und für ein Christentum als mystische Tatsache. Auf die Gretchenfrage: „Herr Dr. Illich, wie stehen Sie zu Dr. Steiner?" hat er zu Recht kryptisch geantwortet!

Literatur

Illich, Ivan: Selbstbegrenzung. Eine politische Kritik der Technik, Reinbek bei Hamburg 1975

Kohr, Leopold: Zurück zum menschlichen Maß – Aufsätze aus fünf Jahrzehnten. Hrsg. v. Ewald Hiebl und Günther Witzany, Salzburg/Wien 2006

Schumacher, Ernst Friedrich: Die Rückkehr zum menschlichen Maß. Alternativen für Wirtschaft und Technik. Small is beautiful, Reinbek bei Hamburg 1977

Woll, Helmut: Die Untauglichkeit des Indikator Sozialprodukt als Wohlfahrtsmaß, München 1981

3. Hans Georg Schweppenhäuser: Ein Leben in sozialer Verantwortung

Er wurde am 12. September 1898 in der Nähre von Zweibrücken geboren. Seine Jugend verlebte er auf dem Bauernhof seines Vaters in der Pfalz. Von 1910 bis 1916 besuchte er das Gymnasium in Homburg und Zweibrücken. 1916 wurde er zum Kriegsdienst eingezogen, vor Verdun erlitt er 1917 eine Gasvergiftung, der sich eine Lazarettzeit anschloss. 1919 wurde er als Leutnant entlassen. Anschließend studierte er Elektrotechnik an der Technischen Universität Darmstadt und schloss 1922 mit dem Diplom-Ingenieur ab. Er begann seine berufliche Laufbahn als Betriebsingenieur bei den Röchlingschen Eisen- und Stahlwerken – heute ARBED Saarstahl – in Völklingen/Saar. 1923 wechselte er als Betriebsingenieur und Direktionsassistent zur ‚Schleswig Holsteinischen Elektrizitätsversorgung' nach Rendsburg und arbeitete mehrere Jahrzehnte im Bereich der Energieversorgung in Schleswig-Holstein in führender Position.

Im Jahre 1925 war er seiner künftigen Lebensgefährtin Elfriede Wackerhagen begegnet, die als Apothekerin tätig war. 1927 heirateten sie. Aus dieser Ehe gingen vier Kinder, eine Tochter und drei Söhne, hervor. Es war Hans Georg Schweppenhäuser vergönnt, bis in seine letzten Lebenstage ein inniges Familienleben zu führen. War Schweppenhäuser selbst in gewisser Weise der dynamische Motor, so war seine Frau eher der ruhende Pol in dieser Familie.

Er kam Mitte der 1920er-Jahre mit der Anthroposophie und Christengemeinschaft in Verbindung und zu einer lebenslangen Freundschaft mit Johannes Hemleben, der in Hamburg als Pfarrer wirkte. Er unterstützte tatkräftig die Bewegung für religiöse Erneuerung und setzte sich 1949 auch aktiv für die Gründung der Freien Waldorfschule in Rendsburg ein.

1938 gelang es ihm, zwei Menschen jüdischer Abstammung dadurch vor dem sicheren Tod zu retten, dass er sie kurz entschlossen in die Monteurkluft des Elektrizitätswerkes steckte und ihnen so die Möglichkeit gab, unerkannt ins benachbarte Dänemark zu entkommen.

1945 nutzte er seine persönliche Autorität und die seiner industriellen Führungsposition, um Zerstörungen durch die NS-Machthaber und deren Politik der verbrannten Erde zu verhindern. Mutig und entschlossen setzte er sich der Gefahr von Verfolgung und Verhaftung aus. So wurden einige Kanalbrücken des Nord-Ostsee-Kanals und Kraftwerksanlagen doch nicht gesprengt.

Unmittelbar nach Kriegsschluss bis zum Jahre 1954 war er durch die britische Besatzungsmacht der Haupt-Energiebeauftragte für Wasser, Gas und Elektrizität des Landes Schleswig-Holstein.

1954 trat Schweppenhäuser durch eine Initiative von Dr. Franz Schily in den Dienst des ‚Bochumer Vereins‘. Er wurde Leiter der Verkaufsniederlassung dieser Unternehmung in Berlin und unterstützte weiterhin anthroposophische Einrichtungen.

1963 begann der sogenannte Ruhestand, der sich in der Gründung des sozialwissenschaftlichen ‚Instituts für soziale Gegenwartsfragen‘ auswirkte. Diese Arbeit erstreckte sich auch auf den ‚Heidenheimer Arbeitskreis‘ von Unternehmern und Betriebsleitern durch über zwanzig Jahre.

Seine Schrift ‚Berlin – offene Stadt‘ war ein leidenschaftlicher Versuch, die Idee der Mitte am Beispiel Berlin auf politischem Gebiet wieder aufleuchten zu lassen.

Als Leiter und Dozent dieses Instituts war er in Berlin und seit 1975 mit der Übersiedlung nach Freiburg im Breisgau bis zu seinem Tode unermüdlich tätig.

Die Arbeit von Schweppenhäuser erstreckte sich auf politische, ökonomische und soziale Fragen. Die Ergebnisse wurden in aktuellen Beiträgen der Zeitschrift ‚Die Kommenden‘ dokumentiert. Mit deren Herausgeber F. Herbert Hillringhaus bestand seit jener Zeit eine intensive und freundschaftliche Zusammenarbeit.

Seine größeren Schriften bezogen sich auf *Die Teilung Deutschlands als soziale Herausforderung* (1967), auf die Eigentumsfrage *Macht des Eigentums* (1970), auf die Bedeutung von Kapital und Geld *Das kranke Geld* (1971, *Das Mysterium des Geldes* (1981) und auf die Betriebsverfassung. In verschiedenen Schriftenreihen wie *Bausteine für eine soziale Zukunft* und den *Fallstudien* hat er ein breites Material zu brennenden Zeitfragen vorgelegt. In dem Buch *Das soziale Rätsel* (1985) wird ein großer anthroposophischer Wurf über die soziale Frage im historischen Kontext gewagt. Dem ‚Institut für soziale Gegenwartsfragen‘ lag vor allem die Absicht zugrunde, ein Forum zu schaffen, das die Ideen für die soziale Dreigliederung auf dem aktuellen politischen Stand erarbeitet und zur öffentlichen Diskussion und Verwirklichung anregt. Einer nicht geringen Anzahl von Menschen ist in der Tat ein entscheidender Anstoß für ein tieferes Verständnis der sozialen Frage durch Schweppenhäuser gegeben worden.

Er war ein Kämpfer mit den Waffen des Geistes: Er bediente sich des Floretts, aber auch des Schwertes. Hans Georg Schweppenhäuser verstarb am 27. Februar 1983 in Freiburg. Sein Weggefährte F. Herbert Hillringhaus beschrieb ihn wie folgt: „Er war kein intellektueller Mensch, sondern für ihn war eine *schöpferische Ideenproduktion* charakteristisch, die ihn oft wie einen Sturzbach bedrängte, so daß diejenigen, an die er in immer neuen Varianten seine soziale Botschaft heranbrachte, ihm kaum zu folgen vermochten, zum Erstaunen von ihm selbst, dem doch dies alles in *lebendigen Bildern vor seiner Seele* stand und der überdies die Empfindung hatte, dass ihm *zu wenig Zeit* zur Verfügung stand, um das alles, was er in diese Zeit hineinzutragen als notwendig empfand, auszusprechen. Er hat einen Wirklichkeitssinn entfaltet, der ihn befähigte, die Entwicklungstendenzen des sozialen Lebens in realistischer Weise zu beschreiben." (aus: Die Kommenden, 1983)

4. Die soziale Frage bei Ivan Illich und Rudolf Steiner

Rudolf Steiner (1861-1925), der Begründer der Anthroposophie, kam mit der sozialen Frage intensiv in Berührung durch seine Tätigkeit als Dozent für Geschichte an der sozialistischen Arbeiterbildungsschule in Berlin. Durch den Kontakt mit den Arbeitern hatte er tiefe Einblicke in ihre Arbeitsbedingungen und ihre Entlohnung. Die Arbeiterbildungsschule hatte den Arbeitern in Vorträgen und Diskussionen Kenntnisse über ihre ungerechte ökonomische Lage und über ihre politische Ohnmacht vermittelt. Man wollte die Interessenvertretung der Arbeiter in den Betrieben und in der Gesellschaft stärken bis hin zur Vorbereitung einer proletarischen Revolution. Rudolf Steiner lehrte von 1899 bis 1904, nicht wie es in der Schule vorgesehen war, eine materialistische Weltanschauung, sondern er vertrat eine geisteswissenschaftliche Methode. Er sah den Menschen als dreigliedriges Wesen mit Körper, Seele und Geist und wollte den ganzen Menschen bilden.

Aus diesem Grunde sprach er über Deutsche Literatur in den letzten 50 Jahren sowie zur Kultur- und Kunstgeschichte im 19. Jahrhundert, zur Kulturgeschichte in großen Zügen von den Anfängen der menschlichen Kultur bis hin zur Gegenwart. (Siehe hierzu Steiner 1983a) Er führte Übungen in mündlicher Rede und im schriftlichen Aufsatz durch. Er machte mit den Arbeitern kulturelle Exkursionen, Museums- und Theaterbesuche. Diese Tätigkeit war fünf Jahre lang sehr erfolgreich für die Berliner Arbeiterschaft. Sie kollidierte aber immer mehr mit den Vorstellungen der sozialistischen Funktionäre, sodass man sich 1904 trennte. Die Funktionäre propagierten eine materialistische Geschichtsschreibung und eine marxistische Ausbeutungstheorie. Steiner vertrat das Gegenteil. Für ihn bestimmte nicht die Materie die Geschichte, sondern das geistige Leben dominiert die materiellen Verhältnisse. Materie war für ihn nur materialisierter Geist.

Politisch herausragend waren seine publizistischen Aktivitäten nach dem Zusammenbruch Deutschlands durch den Ersten Weltkrieg. Hier wendet er sich vor allem gegen die 14 Thesen des amerikanischen Präsidenten Woodrow Wilson für eine neue Friedensordnung in Europa. Wilson fordert das Selbstbestimmungsrecht der Völker und eine liberale Wirtschafts- und Gesellschaftsordnung.

Steiner lehnt dieses Konzept strikt ab, weil er darin eine imperialistische Wirtschaftsstrategie im amerikanischen Interesse sieht. Er setzt dagegen seine Idee der Dreigliederung des sozialen Organismus mit einem brüderlichen Wirtschaftsleben, einem freien Geistesleben und einem egalitären Rechtsleben. Wilson sieht die soziale Frage vor allem als ein wirtschaftliches Problem, für Steiner ist die soziale Frage ein geistiges Thema.

Steiner verneint nicht die Bedeutung von Wirtschaftsfragen. Im Gegenteil, eine Friedensordnung müsse auch eine Neuordnung im Wirtschaftsleben bedeuten. So hält Steiner im Jahre 1922 vierzehn Vorträge zur Nationalökonomie und entwickelt ein klares Gegenkonzept zum Liberalismus und Sozialismus nach geisteswissenschaftlicher Methode. Die Basisannahmen der liberalen Theorie werden im Sinne der Ideen von Friedrich Nietzsche, der Umwertung aller Werte, interpretiert. Die Wirtschaft wird nicht nur ökonomisch betrachtet, sondern auch als ein geistiges Problem. So wird der menschliche Geist als wertschaffend angesehen. Damit kann Steiner eine Theorie des gerechten Preises formulieren. Die Arbeit und der Grund und Boden werden nicht mehr als Waren betrachtet. Die Wirtschaft soll durch Assoziationen von Produzenten und Verbrauchern gestaltet werden.

Steiner geht im Nationalökonomischen Kurs nicht wie üblich in der Fachwissenschaft definitorisch, mathematisch oder statistisch vor. Er benützt aber die damals üblichen ökonomischen Begriffe und interpretiert diese in einem geisteswissenschaftlichen Kontext. Die Begriffe werden mittels Bildern vermittelt. Sie werden im jeweiligen Zusammenhang benutzt. So gibt es nicht das Kapital, sondern Handelskapital, Leihkapital oder Industriekapital. Auch muss zwischen körperlicher und geistiger Arbeit unterschieden werden, da sie unterschiedlich im volkswirtschaftlichen Prozess drinstehen. Eigentum an Grund und Boden muss volkswirtschaftlich anders betrachtet werden als Eigentum an den Produktionsmitteln. Die Landwirtschaft darf nicht der industriellen Logik unterworfen werden, da sie mit der lebendigen Natur verbunden ist und die Industrie mit der toten Maschine. Von großer Bedeutung ist für Steiner die Tatsache, dass wir durch den Kapitalismus weltwirtschaftlich denken müssen.

Steiner grenzt sich von der marxistischen Arbeitswertlehre ab. Sie vernachlässige die eigenständigen, geistigen Potenzen des Menschen in der Wirtschaft und betrachte den Markt affirmativerweise als einen Mechanismus. Es kommt nach Steiner hingegen darauf an, wie sich die Arbeit in den volkswirtschaftlichen

Prozess hineinstellt. Im Gegensatz zu Marx sieht er den Geist als wertbildend. Wertbildung: Wenn wir diese Arbeit durch den Geist, die Intelligenz dirigieren. Da, wo die Arbeit im Hintergrund steht und der Geist vorne die Arbeit dirigiert, da scheint uns die Arbeit durch den Geist durch und erzeugt wiederum volkswirtschaftlichen Wert.

Nach Steiner darf man die soziale Frage nicht isoliert betrachten. Sie ist eine geistige Herausforderung und es stellen sich immer wieder auch Rechtsfragen oder politische Fragen. Die Eingliederung der Arbeit ist nur möglich durch die Entstehung des Rechts. Solange das religiöse Leben dominiert, schadet der Egoismus nicht. Wenn Recht und Arbeit sich heraussondern, entwickelt sich auch der Egoismus und es gibt die Forderung nach Gleichheit und Demokratie. Mit dem Egoismus kommt auch die Arbeitsteilung zur Erscheinung. Arbeitsteilung heißt, dass niemand, der Ware erzeugt, diese auch verwendet. Der Liberalismus (Adam Smith) war nach Steiner nicht in der Lage, das Verhältnis von Egoismus und Arbeitsteilung angemessen zu bestimmen. Der Marxismus hatte dadurch ein Einfallstor für seine emotionale Polemik.

Steiner hat den Begriff der Assoziationen zentral für die Ökonomie eingeführt. Sie sollen die Vernunft in den ökonomischen Prozess hineintragen. Der Liberalismus sieht im Marktprozess einen objektiven und anonymen Beurteilungsmechanismus für die Preise. Der Einzelne kann sie nicht manipulieren. Die Assoziationen von Steiner sind das Gegenteil vom anonymen Marktprozess oder zerstörerischem (marxistischen) Wertgesetz. Die Mitglieder der Wirtschaft selber sollen in jeden Tauschakt Vernunft und Gerechtigkeit hineinbringen. Insofern ist die Assoziation auch eine Erziehungsinstanz. Die Beteiligten müssen ihre Egoismen und Eitelkeiten unterdrücken und sich bemühen, fachliche ökonomische Urteile zu fällen.

Ausgangsfrage ist für Steiner die Frage: Was ist der richtige (gerechte) Preis? Liberalismus und Marxismus kennen diese Gerechtigkeitsfrage aus dem Mittelalter nicht mehr. Er soll nach Steiner so hoch sein, dass die Arbeiter für sich und ihre Angehörigen ein neues Produkt in Zukunft erstellen können. Diese Formel ist für Steiner erschöpfend, da sie alle Informationen in sich trägt. Aber wie man diese Formel realisiert, das ist die Aufgabe der Beteiligten. Die Bezahlung der Arbeit für die Zukunft ist ganz wesentlich in dieser Formel enthalten. Wirtschaften besteht darin, dass man die künftigen Prozesse mit dem, was vergangen ist, ins Werk setzt. Natur-Arbeit-Kapital oder Natur-Arbeit-Geist. Sowohl der Liberalismus als auch der Marxismus brauchen diese Zukunftsperspektive nicht. Der Liberalismus kennt hier nur die Gegenwart, den aktuellen Preis. Der Marxismus sieht im Kapitalismus sowieso keine Zukunft. Die romantische Volkswirtschaftslehre (Adam Müller) und die Historische Schule (Friedrich List, Gustav Schmoller) denken zwar rückwärtsgewandt, haben aber in einigen Punkten die Zukunft durchaus im Blick.

Die herkömmliche Ökonomie kennt nur eine Preisformel. Angebot und Nachfrage bestimmen den Preis. Steiner plädiert auch hier für eine differenzierte Betrachtungsweise und weist drei Gleichungen nach. Nach Smith regelt sich der Preis von selbst durch Angebot und Nachfrage. In der Wirklichkeit hat man nach Steiner nichts in der Hand mit diesen Begriffen. Dagegen braucht man bewegliche Begriffe. Angebot an Ware ist Nachfrage nach Geld. Angebot in Geld ist Nachfrage nach Waren.

Es gibt drei Preisformeln, aber auch drei Geldbegriffe: Kaufgeld, Leihgeld und Schenkungsgeld. Es stellt sich die Frage: Welches Geld ist am produktivsten? Für Steiner ist klar, dass das Schenkungsgeld am produktivsten ist, da der menschliche Geist ständig Erfindungen und neue Verfahren kreiert.

Die Bearbeitung von Grund und Boden ist nach Steiner die Voraussetzung des Wirtschaftens. Die Geistesarbeiter leben von den Handarbeitern. Wie bewerten wir die Geistesarbeit? Das ist eine Fundamentalfrage. Antwort: Der Wert der geistigen Arbeit ist so groß, wie sie körperliche Arbeit erspart. Das haben nach Steiner die Marxisten nicht verstanden.

Steiner streift die Dogmengeschichte nur am Rande. Er will sie aber nicht verwerfen und eine eigene Utopie begründen. Das heißt: Die Ideen des Liberalismus, der Romantischen und Historischen Schule sollen zur Verbesserung der ökonomischen Situation fruchtbar gemacht werden. Es geht um eine funktionierende Arbeitsteilung, um gerechte Preise und ein Geld, das seiner Mystifikation beraubt ist. Geld als ein rein rechnerisches Problem zu betrachten, kann man als Gegenthese zur marxistischen Geldauffassung ansehen. Für Marx ist Geld eine verhexte Ware. Der Geldschleier wird enttarnt, wenn man einsieht, dass er die Ausbeutungsverhältnisse verschleiern soll. Bei Steiner fällt der Geldfetisch, wenn man hinter die verschiedenen Preisformeln schaut.

Steiner knüpft an die freiheitlichen Ideen des Liberalismus an, reaktiviert den Organismus-Begriff der Romantik, adelt die Land- und Handarbeit und sieht in den geistigen Leistungen der Menschen die Inspirationsquelle für die Wirtschaft und das Leben insgesamt. Das freie Geistesleben meint mehr als der Liberalismus mit seiner Wirtschafts- und Meinungsfreiheit. Es ist das Plädoyer für eine neue wissenschaftliche Methode, die die Dinge auf allen Ebenen im wahren Sinn zutage fördert. Die Vorträge zur Nationalökonomie sollen ein Beleg sein für eine neue Geisteswissenschaft, die sich um die elementaren Dinge des Lebens wie Arbeit, Wert, Lohn, Zins und Eigentum kümmert.

Die liberale Ökonomie stellt den Egoismus des Einzelnen und die vollkommenen Märkte in den Mittelpunkt. Die Romantische Schule baut auf einem ganzheitlichen, göttlichen Menschen- und Weltbild auf. Für Friedrich List sind eine nationale Ökonomie und die Lehre von den produktiven Kräften der Dreh- und Angelpunkt seiner Überlegungen. Der Marxismus hat dagegen seine scharfsinnige Arbeits- und Ausbeutungslehre gesetzt. Die Historische Schule hat, darauf aufbauend, mit staatlichen Sozialreformen geantwortet, die im 20. Jahrhundert durch Keynes zum Wohlfahrtsstaat geführt haben. Rudolf Steiner hat überraschenderweise einen Großteil seiner Analyse im ‚Nationalökonomischen Kurs' auf die Preisfrage verwendet: Die bewusste Gestaltung von gerechten Preisen in der Weltwirtschaft war im Jahre 1922 sein Lösungsvorschlag. Dabei geht Steiner vom Begriff des sozialen Organismus aus. Dieser ‚romantische' Begriff ist polar gedacht. Einerseits betont er das Soziale (Gesellschaftliche) und andererseits das Natürliche und Übernatürliche. Es ist ein Spannungsbogen. Es besteht die Aufgabe, diesen Spannungsbogen am Leben zu erhalten und zur Blüte zu bringen.

Auch Ivan Illich (1926-2002) hat sich als ein profunder Kritiker des westlichen Fortschrittsmodells positioniert. So kritisierte auch er die Basiskategorien der Ökonomie. Knappheit wurde für ihn nun ein ideologischer Begriff, ebenso wie Fortschritt, Gleichheit, Wachstum oder Massenproduktion. Der Begriff der Massenproduktion ist in der volkswirtschaftlichen Theorie positiv besetzt. Er bedeutet vor allem Kostensenkung. Illich stellte diese Selbstverständlichkeit infrage. „Im fortgeschrittenen Stadium der Massenproduktion muss eine Gesellschaft ihre Zerstörung bewirken. Die Natur ist denaturiert. Der Mensch, entwurzelt und in seiner Kreativität kastriert, ist in seiner individuellen Kapsel eingeschlossen." (Illich 1975/S.12) Illich ahnte die Probleme moderner Gesellschaften: Verlust der Individualität, Niedergang der Kultur, Vermassung des Menschen. Man erinnert sich an die Vorwürfe von Marx zur kapitalistischen Entwicklung: Entfremdung, Verdinglichung, Herrschaft der Geldillusion. Doch Illich machte nicht das Gesellschaftssystem für diese Fehlentwicklungen verantwortlich, sondern generell die Industrialisierung sowohl im Sozialismus als auch im Kapitalismus. Industrialisierung geht einher mit Spezialistentum und Bürokratie. „Es gibt eine Art des Gebrauchs wissenschaftlich errungenen Wissens, die zur Spezialisierung unpersönlicher Ziele, zur Institutionalisierung der Werte, zur Zentralisierung der Macht führt. Wenn diese Anwendung überwiegt, wird der Mensch zum Anhängsel der Mega-Maschine, zum Rädchen im Getriebe der Bürokratie." (Illich 1975/S.13) Ein Ausweg aus diesem Dilemma ist eine neue Gesellschaft. „Eine Gesellschaft, in der das moderne Werkzeug im Dienste der in der Gemeinschaft integrierten Personen und nicht im Dienst eines Konglomerates von Spezialisten steht, wird hier konviviale Gesellschaft genannt. Konvivial oder lebensgerecht ist jene Gesellschaft, in der der Mensch das Werkzeug durch politische Prozesse kontrolliert." (Illich 1975/S.14) Durch die Industrialisierung werden die Maschinen wichtiger als der Mensch selbst. Die Gleichförmigkeit der Maschine wird auf den Menschen übertragen. So entsteht die Forderung nach Gleichheit.

Illich plädiert für eine lebensbejahende Gesellschaft mit autonomen und kreativen Tätigkeiten. „Das Werkzeug ist konvivial in dem Maße, als jeder es ohne Schwierigkeiten benutzen kann, so oft oder so selten wie er will, und zwar zu Zwecken, die er selbst bestimmt. Der Gebrauch, den ein jeder davon macht, greift nicht in die Freiheit des anderen ein, es ebenso oder anders zu machen. Niemand braucht ein Diplom für das Recht, sich seiner zu bedienen; man kann es benutzen oder lassen. Zwischen dem Menschen und der Welt wirkt es als Vermittler von Sinn, als Übersetzer von Intentionalität." (Illich 1975/S.53) Manche Werkzeuge sind in sich zerstörerisch, das gilt vor allem für die Atomenergie. Er wendet sich gegen die Wachstumsideologen, gegen den Mythos der Maschine (Lewis Mumford). Die Subsistenzwirtschaft darf nicht ausgerottet werden. In Anlehnung an Leopold Kohr und E.F. Schumacher sind überschaubare wirtschaftliche und politische Einheiten zu schaffen, die mit mittlerer Technologie ausgestattet sind. „Eine fortgeschrittene Technik könnte ebenso gut die Mühsal der Arbeit verringern und auf hunderterlei Weise der Entfaltung persönlich produzierter Werke dienen." (Illich 1975/S.73) Illich weist schon sehr früh auf die Umweltzerstörung und die Notwendigkeit einer Verringerung des Wachstums hin. „Die Umweltkrise zum Beispiel wird nur oberflächlich behandelt, wenn man nicht folgendes klarstellt: Die Errichtung von Emissionsschutzanlagen wird nur dann Wirkungen zeigen, wenn sie von einer Verringerung der Weltproduktion begleitet ist." (Illich 1975/S.86)

Es gibt fünf Gefahren durch die industrielle Entwicklung: Das Recht des Menschen in die Verwurzelung in der Umwelt, seine Autonomie, seine Kreativität, seine Demokratie, seine Kultur und Tradition werden bedroht. „Die einzige Lösung der ökologischen Krise besteht darin, dass die Menschen begreifen, dass sie glücklicher wären, wenn sie miteinander *arbeiten* und verzichten und füreinander *sorgen* könnten." (Illich 1975/S.92) Knappheit und ihre Überwindung mittels des ökonomischen Prinzips, die damit postulierte Notwendigkeit von Wachstum und Fortschritt zur Vermeidung von Armut und Elend sind ideologische Begriffe, verwendet von Experten, die lebensfremde, überteuerte Bürokratien züchten, die Mangel und Abhängigkeit erzeugen. Dagegen hilft nur die Autonomie der Menschen mit ihren jeweiligen unendlichen Fähigkeiten. „Den Menschen ist die Fähigkeit angeboren, zu heilen, zu trösten, sich fortzubewegen, Wissen zu erwerben, ihre Häuser zu bauen und ihre Toten zu bestatten. Jeder dieser Fähigkeiten steht ein Bedürfnis gegenüber. Die Mittel zur Befriedigung dieser Bedürfnisse sind nicht knapp, solange die Menschen von dem abhängig bleiben, was sie, bei marginalem Rückgriff auf Fachleute selbst machen und für sich selber machen können." (Illich 1975/S.99) Leider hat sich die Wissenschaft zur Unterstützung von Bürokratie und Verschwendung entschieden. Sie unterstützt damit eine Expertokratie, die inhaltsleere Vorschläge unterbreitet. Sie muss wieder ihre eigentliche Aufgabe, die Findung der Wahrheit, in Angriff nehmen. Da das Industriesystem auf Sand gebaut ist, sind die Expertenvorschläge hohl und weltfremd. Es hilft nur eine radikale Umkehr in Wissenschaft und Ökonomie. „Die Krise zwingt die Menschen, zwischen dem konvivialen Werkzeug und der Vernichtung durch die Mega-Maschine, zwischen dem unbegrenzten Wachstum und dem Akzeptieren multidimensionaler Schranken zu wählen. Mir scheint, die einzige mögliche Antwort besteht darin, deren tiefgreifenden Charakter zu erkennen und das einzige sich bietende Prinzip einer Lösung zu akzeptieren: die durch politische Übereinstimmung eingeführte *Selbstbegrenzung*." (Illich 1975/S.185)

Mit dieser Selbstbegrenzung verbunden ist eine Deutungsanalyse des Begriffes Arbeit. Illich verdeutlicht sein Denken oft an unhinterfragten Begriffen und dem Bedeutungswandel dieser Begriffe (z.B. Genus und Sexus). Meist können sich die Menschen die Arbeit nur als Lohnarbeit vorstellen. Dazu korrespondiert der Begriff der Freizeit. Illich weist darauf hin, dass es auch Arbeit im Mittelalter gab, die nicht Lohnarbeit war, dass es auch damit keine Freizeit gab. „Was heutzutage ‚Arbeit' heißt, nämlich Lohnarbeit, war während des ganzen Mittelalters ein Merkmal des Elends. Es stand im klaren Gegensatz zu wenigstens drei anderen Formen der alltäglichen Mühsal: dem häuslichen Schaffen, dem Handwerk und der Bettelei. Im Prinzip wies die Gesellschaft des 12. Jahrhunderts jedem seinen Platz zu; ihr strukturelles Muster schloss Arbeitslosigkeit ebenso aus wie die totale Abhängigkeit von der Lohnarbeit." (Illich 1982/S.79) Erst die Industrialisierung hat entfremdete Lohnarbeit und eine kompensatorische Freizeit erzeugt. Illich nennt die Freizeit Schattenarbeit, für ihn eine vergeudete Zeit. Er will die Lohnarbeit durch Eigenarbeit überwinden, die autonom und kreativ gestaltet wird. „Es handelt sich also um etwas, das in den meisten historischen Perioden undenkbar war. Diogenes in seinem Fass ist hier nicht gemeint, ebenso wenig Franz von Assisi, nur dass dieser – im Unterschied zu Diogenes – bereits aus bürgerlichen Verhältnissen aussteigt. Seine ‚freiwillige' Armut ist Produktionsverweigerung und Konsumverzicht. Was ich ‚Eigenarbeit' nennen will, ist jedoch nicht notwendigerweise sehr hehr. Eigenarbeit ist aktiver Konsum- und Produktionsverzicht, motiviert aus aufgeklärtem Hedonismus. Sie steht also deutlich im Gegensatz zur hierarchisch verwalteten Selbsthilfe, die ich Schattenarbeit nenne." (Illich 1982/S.51) Aus diesen Überlegungen entstand in den1980er-Jahren in der BRD die Alternativbewegung. Junge Leute schlossen sich in Arbeitskooperativen zusammen, um ihr Leben eigenständig zu gestalten. Man verabschiedete sich von den gesellschaftlichen Institutionen wie Erziehungs- und Gesundheitswesen und gründete neue Lebensformen, bewusst oder unbewusst beeinflusst von Illich. Wirtschaftliches Wachstum und Fortschritt wurden zu Fremdwörtern degradiert. Nach etwa zehn Jahren stießen diese neuen Gemeinschaften allerdings an ihre subjektiven und gesellschaftlichen Grenzen.

Es gibt in seiner Kulturkritik an der Industrialisierung aus der Perspektive der kulturell verankerten Subsistenzwirtschaft der Dritten Welt keine Makro- oder Geldökonomie mit klugen Experten zur Verschuldung und den aufgespannten Rettungsschirmen. Sie sind eher Wasser auf seine Mühlen: Die Knappheit wird künstlich gezüchtet, Wachstum wird über Schulden finanziert. Die Welt wird kompliziert dargestellt und man braucht den ökonomischen Experten, der es aber auch nicht besser kann.

Illich begreift sich als Historiker des 12. Jahrhunderts. Er sieht hier den geistigen Umbruch für die spätere Entwicklung von moderner Wissenschaft und Industrialisierung mit allen positiven und negativen Folgen. Er kennt den universalhistorischen Ansatz von Toynbee, er setzt sich aber stärker die Brille des Mittelalters auf, um Geschichte vor allem als einen Verlust zu interpretieren, nicht als eine glorreiche Entwicklung aus heutiger Zeit. Verlust heißt dabei, Verlust der Proportionalität, die Entwicklung ist aus dem Ruder gelaufen. Der Fortschritt gerät in Gefahr, auch durch das Überstülpen der westlichen Werte auf die Dritte Welt. Somit wird eine weitere Perspektive deutlich: Wie sind die Industriestaaten aus der Sicht der Armen zu deuten?

Steiner und Illich haben jeweils einen eigenständigen Weg beschritten. Steiner hat versucht, seiner Anthroposophie eine praktische Form zu geben durch die Gründung von Waldorfschulen, anthroposophischen Krankenhäusern und durch biologisch-dynamische Bauernhöfe. Illich hat eine Institutionalisierung seiner Ideen eher abgelehnt. Er suchte nach spontanen und offenen Formen. Als Kritiker der Institutionalisierung blieb er auf Distanz zu anthroposophischen Einrichtungen. Er witterte die Verflachung und die Erstarrung durch ritualisierte Formen. In einem Gespräch mit anthroposophisch orientierten Studierenden Anfang der 1990er-Jahre in Bremen in der Kreftingstraße wurde die geistige Freundschaft zwischen Goethe und Schiller zum Thema gemacht. Die Studenten trugen diese Thematik an Illich heran, da diese Freundschaft eine konstitutive, theoretische Achse der Anthroposophie bildet. Illich konnte mit dieser Fragestellung wenig anfangen, obwohl das Thema Freundschaft ein Hauptschwerpunkt seiner Vorträge war. Er glaubte, es handele sich eher um ein bildungsbürgerliches Randproblem.

Illich war aber anthroposophisch nicht ‚unmusikalisch‘. So hat er in seinen letzten Bremer Jahren eine Reihe von Seminaren und Vorträgen mit dem Anthroposophen Prof. Heinz Buddemeier zur Waldorfpädagogik in einer harmonischen Weise durchgeführt.

Literatur

Illich, Ivan: Die philosophischen Grundlagen der Geschichtsschreibung bei Arnold Joseph Toynbee, Salzburg/New-York 1951

Illich, Ivan: Entschulung der Gesellschaft. München 1970

Illich, Ivan: Selbstbegrenzung. Eine politische Kritik der Technik, Reinbek bei Hamburg 1975

Illich, Ivan; Fortschrittsmythen. Schöpferische Arbeitslosigkeit oder die Grenzen der Vermarktung. Energie und Gerechtigkeit. Wider die Verschulung, 1.Aufl., Reinbek bei Hamburg 1978

Illich, Ivan: Die Nemesis der Medizin, Reinbek bei Hamburg 1979

Illich, Ivan et al.: Entmündigung durch Experten. Zur Kritik der Dienstleistungsberufe, Reinbek bei Hamburg 1979

Illich, Ivan: Vom Recht auf Gemeinheit, Reinbek bei Hamburg 1982

Illich, Ivan: Im Weinberg des Textes, Ffm 1991

Illich Ivan: Genus. Zu einer historischen Kritik der Gleichheit, 2. Aufl., München 1995

Illich, Ivan: In den Flüssen nördlich der Zukunft. Letzte Gespräche über Religion und Gesellschaft mit David Cayley, München 2006

Kaller-Dietrich, Martina: Ivan Illich (1926-2002). Sein Leben, sein Denken, Weitra 2007

Kohr, Leopold: Das Ende der Großen. Zurück zum menschlichen Maß, 2. Aufl., Salzburg/Wien 2002. Dt. Fassung von: Breakdown of Nations, London 1957

List, Friedrich, Das nationale System der Politischen Ökonomie, Gesammelte Werke, Hrsg. Artur Sommer, Bd. VI, Berlin 1930

Mumford, Lewis: Mythos der Maschine, Ffm 1977

Pfürtner, Stephan H. (Hg):Wider den Turmbau zu Babel. Disput mit Ivan Illich, Reinbek bei Hamburg 1985

Schmoller, Gustav: Grundriß der Allgemeinen Volkswirtschaftslehre, Erster Teil, Leipzig 1926

Schumacher, Ernst Friedrich: Die Rückkehr zum menschlichen Maß. Alternativen für Wirtschaft und Technik. ‚Small is beautiful‘, Reinbek bei Hamburg 1977 (zuerst 1973)

Steiner, Rudolf: Die Kernpunkte der sozialen Frage in den Lebensnotwendigkeiten der Gegenwart und Zukunft, Dornach 1961

Steiner, Rudolf: Nationalökonomischer Kurs. Vierzehn Vorträge für Studenten der Nationalökonomie 1922, Dornach 1965

Steiner, Rudolf: Soziale Zukunft, Dornach 1981

Steiner, Rudolf: Über Philosophie, Geschichte und Literatur. Darstellungen an der Arbeiterbildungsschule und der Freien Hochschule in Berlin 1901 bis 1905, Dornach 1983a

Steiner, Rudolf: Neugestaltung des sozialen Organismus, Dornach 1983b

Steiner, Rudolf: Wie wirkt man für den Impuls der Dreigliederung des sozialen Organismus? Dornach 1986

Woll, Helmut: Menschenbilder in der Ökonomie, München 1994

5. Gibt es die Kardinalfrage des Wirtschaftslebens?

Rudolf Steiner hat in einem öffentlichen Vortrag 1921 in Kristiania (Oslo) die ‚Kardinalfrage des Wirtschaftslebens' im Rahmen der Dreigliederung des sozialen Organismus skizziert. Die traditionelle Wissenschaft bestreitet, ob es überhaupt eine Kardinalfrage geben kann. Es gibt höchstens verschiedene wichtige wirtschaftliche Einzelfragen, die unterschiedlich beantwortet werden. Betriebswirte weisen darauf hin, dass ohne Zweifel die Gewinnerzielung ein wichtiger Gesichtspunkt ist. Keynesianer verweisen auf die Notwendigkeit eines gesamtwirtschaftlichen Gleichgewichts, da die Märkte aus sich heraus kein Gleichgewicht bewirken. Marktwirtschaftler sehen in dynamischen Märkten den Schlüssel zum Verständnis des Wirtschaftslebens. Ökologen sehen in der Bekämpfung der Umweltschäden und einer Verminderung des Wachstums ihren Schwerpunkt.

Dagegen betont Steiner in seinem Vortrag, dass die Kardinalfrage des Wirtschaftslebens eine menschliche Frage sei. Der fachmännische Leser und Wirtschaftsexperte ist überrascht, wenn Steiner ausführt: Diese Frage ist keine rein wirtschaftliche Frage, sondern eine rein menschliche, weswegen man vom rein menschlichen Gesichtspunkt aus diese Frage angehen muss. Diese Methode ist komplett neu: Die Wirtschaft vom Menschen her zu denken und nicht wie bisher, die Wirtschaft ohne den Menschen zu sehen. Diese revolutionäre Methode kann man auch dadurch wertschätzen, wenn man die kulturkritischen Studien von Ivan Illich zu den westlichen Industriegesellschaften liest. Er betrachtet das moderne Wirtschaftsleben aus der Perspektive des 12. Jahrhunderts und kann dabei die Verluste, die die moderne Wirtschaft auch hervorgebracht hat, besser erkennen, z.B. den Verlust der Proportionalität, von Maß und Mitte. Er geißelt deswegen den Gigantismus der westlichen Kultur.

Der Mensch hat sich nach Steiner vom Leben und auch vom Wirtschaftsleben entfremdet. Er bezieht sich auf eigene lebendige Erfahrungen mit den Arbeitern, die er in freier Rede unterrichtet hat. In den Arbeitern lebt nur eine abstrakte Theorie über die Wirtschaft. Sie sind ihrer Arbeit entfremdet. Durch seine Arbeit an der Arbeiterbildungsschule in Berlin kannte Steiner die Denkweise der Arbeiterschaft. Aufgrund des Privateigentums an den Produktionsmitteln bestimmt der Unternehmer Sinn und Zweck der Arbeit. Das hat folgende Konsequenz: „Seiner Arbeit, das heißt dem eigentlichen Inhalt seiner Arbeit, steht der proletarische Arbeiter im Grunde genommen mit seinem Herzen sehr fremd gegenüber. Ihm ist es gleichgültig, was er arbeitet." (Steiner 1921/S.9) Der Arbeiter interessiert sich gezwungenermaßen vornehmlich für seinen Lohn und wie er vom Unternehmer behandelt wird.

Steiner fährt fort: Den Arbeiter interessiert das Verhältnis seines Lohnes zu dem, was das Erträgnis der Produkte ausmacht, an deren Fabrikation er beteiligt ist. Die Qualität der Produkte interessiert den Arbeiter nicht. Er ist zur damaligen Zeit mehr oder minder vom Marxismus beeinflusst. Die wirtschaftliche Misere wird dabei für alles verantwortlich gemacht. Es hat sich eine Art Betäubung breit gemacht, was man ethisch als das Gute anzusehen hat, wird ausgeblendet. Nach Steiner haben Robespierre und Bismarck der Bevölkerung versprochen, dass sie Arbeit organisieren können, von der jeder sich ernähren kann. Bismarck stellt diese Forderung von rechts, Robespierre von links. Sie stimmen im Allgemeinen überein, nicht im Konkreten.

Das Leben im Produktionsprozess ist nach Steiner immer kollektivistischer geworden. Der Proletarier will noch mehr Kollektivismus und dann diesen übernehmen. „Der Versuch wird … durch seine eigenen inneren zerstörenden Kräfte kläglich scheitern und unsägliches Unglück in die Menschheit bringen." (Steiner 1921/S.15) Der Konsumbereich kann niemals kollektiviert werden. Die Disharmonien der heutigen Zeit beruhen auf der Disharmonie von kollektivistischer Produktion und einem individuellen Konsum.

Der gutwillige Betrachter sieht Steiners Beitrag nicht als Utopie, sondern als Hinweis für praktisches Handeln, das sich aus der Situation legitimiert und immer eine Option enthält. Der Kollektivismus in der Produktion absorbiert das persönliche Können. Wir leben in der Arbeitsteilung, niemand kann für sich selbst produzieren. Wer sich selbst versorgt, lebt zu kostspielig. Er muss an der Arbeitsteilung teilnehmen.

Der Wert einer Ware bestimmt sich nach Steiner an der Brauchbarkeit, mit der sie drinnen steht in dem auf Arbeitsteilung beruhenden sozialen Organismus. Wir stehen vor der Aufgabe, den sozialen Organismus zu gestalten. Der Wert einer Ware kann durchaus eine Bedeutung haben für den sozialen Organismus. Diesen Wert kann man nicht durch eine statistische Zahl wiedergeben. „Wenn eine Ware einen bestimmten Preis hat, so kann dieser Preis für den wirklichen objektiven Wert entweder zu hoch oder zu niedrig sein, oder er kann mit ihm übereinstimmen. Aber so wenig maßgebend der Preis ist, der äußerlich uns entgegentritt – weil er durch irgendwelche andere Verhältnisse gefälscht sein kann –, so wahr ist es auf der anderen Seite: wenn man in der Lage wäre, alle die tausend und abertausend Bedingungen anzugeben, aus denen heraus produziert und konsumiert wird, so würde man den objektiven Wert einer Ware angeben können." (Steiner 1921/S.22)

Die Wertermittlung kann man nach Steiner nicht anwenden auf Grund und Boden, weil der Boden eine natürliche Größe ist und die Ware auf Arbeit zurückgeht. Der Wert der Ware ist dagegen objektiv vorhanden, er liegt mal über, mal unter einer angebbaren Mitte, die allein Heilsames bewirkt. Der Wert von Grund und Boden unterliegt heute zudem der Spekulation. Man misst heutzutage mit derselben Wertschätzung den Wert der Waren, den Wert von Grund und Boden und von Kapital. Diese Rasenmähermethode ist falsch, weil sie die unterschiedlichen Qualitäten nicht berücksichtigt.

Die moderne ökonomische Wissenschaft kennt nur noch Preise und keine Werte mehr. Damit kann sie auch nicht bestimmen, was wertvoll ist. Hohe Preise deuten auf etwas Wertvolles oder einfach nur auf Knappheit. Im 12. Jahrhundert waren Quantität und Qualität nach Illich eine Einheit, die Einheit von Preis und Wert. Statt in die Tiefe zu gehen, breitet sich die ökonomische Wissenschaft (Ökonomisierung) auf viele Bereiche aus, auf Kosten von Mensch und Natur. Die moderne Ökonomie sieht die Wirtschaft im Rahmen der Gesellschaft. Steiner sieht die Wirtschaft vom Menschen aus und verortet beide als Teil eines sozialen Organismus.

Aus der Praxis ist nach Steiner zu entnehmen, dass der soziale Organismus dreigegliedert ist wie der menschliche Organismus: Nerven-Sinnes-System, Atmungs- und Zirkulations-System, Stoffwechsel-Gliedmaßen-System. Die einzelnen Systeme müssen in ihrer relativen Selbstständigkeit ihre Qualitäten entfalten und wirken als eine Einheit. Alle Prozesse des Geisteslebens sollen aus individuellem Können heraus entstehen, nicht aus Vorschriften und Programmen. Die drei Bereiche des Organismus müssen aus ihren Grundbedingungen heraus gestaltet werden. Diese Assoziationen haben im Wirtschaftsleben die Aufgabe die Werte zu ermitteln. Der Preis für ein Erzeugnis soll dem Menschen die Möglichkeit geben, für sich und seine Familie den Lebensunterhalt zu besorgen, bis er wiederum ein gleiches Produkt hervorgebracht hat. Der Mensch soll zum Motor des wirtschaftlichen Lebens werden. Assoziationen sollen die Krankheiten im sozialen Organismus harmonisieren. Die Verwaltung von Grund und Boden und Kapital hat im Geistesleben zu geschehen. Was Regelungen der Arbeit betrifft, ist das Recht zuständig. Die Kardinalfrage des Wirtschaftslebens ist das Bewusstsein vom dreigegliederten sozialen Organismus.

Das Problem ist, dass nach Steiner falsche Fragen gestellt werden. Sie sollen aus dem tatsächlichen Leben kommen. „Die Fragen werden aus den geschichtlichen Untergründen herausgestellt, das Leben muss unmittelbar wirklich die Antwort geben. Keine Theorie kann diese Antwort geben, sondern allein die volle praktische Wirklichkeit des Lebens." (Steiner 1921/S.44) Der ‚naive' Betrachter sieht sich als der eigentliche Realist. Die Kardinalfrage des Wirtschaftslebens ist nach ihm eine geistige Frage, eine Frage des richtigen Denkens über wirtschaftliche Vorgänge – nicht innerhalb einer komplexen Gesellschaft, wie die traditionelle Wissenschaft behauptet, sondern eines dreigliedrigen sozialen Organismus unter der Zielsetzung nicht des Gewinns, sondern der Brüderlichkeit. Eine stärkere Kampfansage an die traditionelle Wissenschaft ist kaum möglich. Wer gewaltig provoziert, muss sich auf harte Gegenattacken einstellen und kann sich nicht auf seine ‚naive' Position zurückziehen. Zudem muss er mit der Höchststrafe der Experten rechnen: Nichtbeachtung!

Literatur

Illich, Ivan: Fortschrittsmythen. Schöpferische Arbeitslosigkeit oder die Grenzen der Vermarktung. Energie und Gerechtigkeit. Wider die Verschulung, 1. Aufl., Reinbek bei Hamburg 1978

Steiner, Rudolf: Die Kardinalfrage des Wirtschaftslebens, Öffentlicher Vortrag in Kristiania am 30. Nov. 1921, Dornach 1984

„Das Nicht-Reale ist nicht das Phantastische,
sondern das Realissimum – in Form der höchsten
Verdichtung des Realen." (Botho Strauß 2018)

6. Dogmengeschichtliche Betrachtungen zum „Nationalökonomischen Kurs" von Rudolf Steiner

Vorbemerkungen

Im Jahre 1922 hat Rudolf Steiner 14 Vorträge zur Nationalökonomie gehalten. Er versucht dabei eine eigenständige, neue Position zu den Grundbegriffen und Grundfragen in einem fundamentalistischen Sinne zu leisten. Er geht nicht wie üblich definitorisch, mathematisch oder statistisch vor. Er benützt aber die damals üblichen ökonomischen Begriffe und interpretiert diese in einem geisteswissenschaftlichen Kontext. Geisteswissenschaftliche Methode (Wilhelm Dilthey 1883) meint hier nicht den damals gebräuchlichen Begriff im Gegensatz zu den Naturwissenschaften, sondern im Sinne von anthroposophischer Forschung. Er benützt eine charakterisierende Methode. Es werden die ökonomischen Zusammenhänge polar betrachtet, aus der Vogelperspektive und aus einer inneren Perspektive angeschaut. Es werden keine Definitionen, mathematische Gleichungen oder statistische Verfahren angewendet, sondern es werden Spannungsbilder aufgezeigt, so z.B. zwischen Produktion und Konsum oder zwischen dem Einzelnen und der Weltwirtschaft. Auch werden die ökonomischen Kräfte in ihrer Verzahnung mit Rechts- und Bildungsfragen aufgezeigt.

Das moderne ökonomische Denken wurde durch die englischen Klassiker Adam Smith und David Ricardo begründet. Sie prägten die Begriffe wie Arbeitsteilung, Privateigentum, Wert, Preis, Bodenrente, Egoismus, Angebot und Nachfrage im Marktgeschehen. Es entstand die Freihandelslehre, basierend auf der Arbeitswertlehre und dem Theorem der komparativen Kosten. Es sollte gerecht zugehen, der Wert der Waren sollte auf nachvollziehbaren Arbeitswerten beruhen. Ricardo begründete in seiner Theorie der komparativen Kosten, dass sich auch der internationale Austausch von England und Portugal für beide Länder lohnt, selbst wenn ein Land schlechtere Produktivitätswerte hat. Das Theorem der komparativen Kosten gilt als Begründung für die Freihandelslehre und der These vom Homo oeconomicus.

Adam Smith schrieb mit dem „Wealth of Nations" im Jahre 1776 das erste anerkannte Fachbuch der modernen Ökonomie. In seinem zweiten Werk, der „Theorie der ethischen Gefühle" (1759), lieferte er eine moralische Begründung für die moderne Gesellschaft. In der Ökonomie sollten Egoismus, Arbeit und Geld sowie Konkurrenz im Vordergrund stehen, das Verhalten in der Gesellschaft sollte von Sympathie, Wohlwollen und einem unparteiischen Zuschauer bestimmt werden. In der Ökonomie sollte ein gesunder Egoismus herrschen, in der Gesellschaft eine durch Gefühlsethik bestimmte Moral.

In Deutschland bildete sich bis zum heutigen Tag eine ‚Hassliebe' zum Liberalismus heraus. Entweder wurde er glorifiziert oder verdammt. Im Gegensatz zu England gab es erst am Anfang des 19. Jahrhunderts ein erstes deutschsprachiges Lehrbuch durch den Romantiker Adam Müller, ‚Elemente der Staatskunst' im Jahre 1809. Das Buch wird aber wegen seiner theologisch-philosophischen Begründung bis zum heutigen Tag von der ökonomischen Zunft nicht ernst genommen.

Adam Müller (1779-1829) ist ein wichtiger Vertreter der Deutschen Romantik mit Novalis, Friedrich Gentz, Heinrich von Kleist, Friedrich Schlegel etc. Die Romantiker waren kritisch gegenüber der industriellen Revolution und unkritisch in ihrer Staatsgläubigkeit. Durch ihren ganzheitlichen Ansatz werden sie vielfach als Urahnen einer konservativen Ökologiebewegung gesehen. Die Romantiker wenden sich gegen die liberalistischen und naturrechtlichen Lehren der Aufklärung. Sie erklären die historisch-politischen Institutionen zur unvermittelten ‚organischen Natur'. Sie begreifen den Staat durch den natürlichen Organismus des Menschen und werfen dem Liberalismus Machbarkeitsdenken und mechanisches Denken vor. Sie denken dagegen in Polaritäten und Gegensätzen (‚Die Lehre vom Gegensatz'). Novalis nennt den Staat einen ‚allegorischen Menschen'.

Adam Müller überträgt den Organismus-Gedanken auf den Staat. Er versteht den Staat als ‚umfassendes' Individuum, als ‚erhabenen und vollständigen Menschen'. Den Staatsmann setzt Müller einem Arzt gleich, der für die Gesunderhaltung des Organismus zuständig ist. Er gilt, neben Franz von Baader, am Anfang des 19. Jahrhunderts als der schärfste Kritiker des englischen Wirtschaftsliberalismus. Er kritisierte, dass Adam Smith den Reichtum ausschließlich als materiellen Reichtum betrachtet, dass der Gemeinschaftsgedanke vernachlässigt wird. Er kritisiert den Homo oeconomicus.

Eine scharfe Abgrenzung zum Liberalismus ist der Begriff des Privateigentums, besonders des Eigentums an Grund und Boden, der für Müller zu physisch gedacht war. Er verwirft auch das egoistische liberale Menschenbild. Glück und Fortschritt seien nur auf materielle Dinge und Zahlen ausgerichtet. Menschen werden zu einer Arbeitskraft degradiert. Er lehnte den Utilitarismus von Adam Smith ab und die Vorstellung, dass alles verkäuflich sein sollte. Anstelle der Verengung auf Wirtschaft und Gelderwerb fordert er Ganzheitlichkeit und Wertorientierung. Nicht von Preisen sollte man sich leiten lassen, sondern von Werten. Müller beruft sich auf eine göttliche Ordnung, auf die ‚ewige Ordnung der Dinge'. Die industrielle Nutzung der Landwirtschaft wäre für ihn Hochverrat. Sein Kapitalbegriff meint nicht die einfache Anhäufung von totem Geld, sondern unsere natürliche und soziale Umwelt und unseren Ideenreichtum. Adam Müller sieht das Vorbild der ständischen Gesellschaftsordnung im ‚Weltkörper' selbst.

Der Schwabe Friedrich List (1789-1846) hat dem liberalen, englischen System der politischen Ökonomie eine geschlossene Konzeption einer Nationalökonomie entgegengestellt. Mit ihm beginnt gemeinhin die deutsche Volkswirtschaftslehre, die Romantische Schule mit Adam Müller wird meist nicht als ökonomische Theorie angesehen. List vertritt eine historische Theorie auf der Grundlage *einer nationalen staatsbürgerlichen Bindung*. Er argumentiert auf der Basis der deutschen und der mitteleuropäischen Kultur. Er will die deutsche Kleinstaaterei überwinden und eine mitteleuropäische Wirtschaftsordnung gründen. Zölle (Erziehungszölle) sollen diesen Raum abschirmen, und die Möglichkeit eines internen Marktes soll geschaffen werden. List begreift die Ökonomie unter dem Primat der Politik und der Kultur. Er gilt als Vater des Deutschen Zollvereins. Bei ihm verbindet sich schwäbische Gelehrsamkeit, Liberalität und Dickschädeligkeit. Er ist eine umtriebige und schillernde Figur des deutschen Vormärz. Sein Hauptwerk „Das nationale System der Politischen Ökonomie" wurde 1841 publiziert.

Der Reichtum der Nation wird von Friedrich List in Abgrenzung zu Adam Smith zwar auch durch die Kategorie Arbeit und Arbeitsteilung charakterisiert, aber er betont stärker die geistigen Kräfte der Individuen und der Völker.

Die wichtigsten Eigenschaften menschlich-ökonomischen Verhaltens sind für List Intelligenz, Moralität, Arbeitsamkeit und Sparsamkeit der Bürger, verbunden mit Erfindungs- und Unternehmungsgeist. Diese gedeihen nur auf der Basis öffentlicher Institutionen und Gesetze, bürgerlicher Freiheit und der Macht und Einheit der Nation. Der Zukunftsaspekt wird auch deutlich in seiner Reichtumsbestimmung. Die Ursache des Reichtums ist etwas anderes als der Reichtum selbst. Nicht unser aktueller Besitz oder unser derzeitiges Vermögen macht unseren Reichtum aus, sondern unsere *Kraft,* in Zukunft Reichtum zu schaffen. Der Mensch ist nach List damit kein statisches, beharrendes Wesen, sondern schaut verantwortungsbewusst in die Zukunft und vertraut auf seine Kräfte.

List entwickelt also keinen mechanischen, statischen Reichtumsbegriff, sondern er verweist auf bewegliche Potenzen. Es geht auch nicht um Ökonomie als Geschäftemacherei um jeden Preis, sondern um die schöpferische Entwicklung des Menschen und der Nation. Lists Ökonomiebegriff ist nicht einfach formal definiert, er öffnet vielmehr die Perspektive für die Zukunft, für das Ganze. Es geht List um die Verbesserung der ökonomischen Lage der Nation in kommenden Epochen. Nicht die Arbeit ist nach List deswegen die Ursache des Reichtums, sondern der dahinter wirkende Geist.

Lists Menschenbild beruht sowohl auf den körperlichen als auch auf den geistigen Faktoren des Menschseins. Der Mensch trägt Sorge für seine Zukunft. Nachdenken und Tätigkeit, Pflege von Körper und Geist, Herausbildung edler Gefühle, Vermittlung schöner Ideale sind Merkmale auch des ökonomischen Menschen. Die Gesellschaft soll nach List die Bedingungen schaffen, damit der Mensch und damit auch die Produktion gedeihen kann.Wissenschaft und Künste, Sicherheit der Person und des Eigentums, Freiheit und Recht sind quasi Produktionsvoraussetzungen. Nach List betont Smith nur die materiellen Elemente der Produktion und vernachlässigt die Geistigkeit des Menschen.

Die jetzige Nation ist nach List eine Folge der Leistungen der bisherigen Generationen. Sie bilden das geistige Kapital der lebenden Nation bzw. Menschheit. Lists Begriff des *geistigen Kapitals* stellt eine eindeutige Abgrenzung zu Smith dar. Für List ist es unverständlich, dass ein Schweinezüchter produktiver sein soll als ein Geistesarbeiter.

List polemisiert sehr scharf gegen die Theorie der Werte und zeigt völliges Unverständnis für deren Produktivitätsbegriff. Seine Theorie der produktiven Kräfte betont immer wieder die geistigen Leistungen als Hauptursache des Volkswohlstandes. Eine Gesellschaft ist nach List umso reicher, je mehr die produktiven Kräfte entwickelt sind und nicht, wieviel Tauschwerte addiert werden können. Die Nation muss vielmehr materielle Güter aufopfern und entbehren, um geistige Kräfte zu erwerben. Der Mensch muss nach List die Vorteile der Teilung der Arbeit einsehen, seine Fähigkeiten ausbilden und arbeitsteilig in die Gemeinschaft einbringen. Die arbeitsteiligen Prozesse müssen aber auch wieder zusammengeführt werden. Das geht nach List nicht von alleine, sondern bedarf einer körperlichen und geistigen Vereinigung. Smiths Nadelfabrik funktioniert nach List nur, wenn ein gemeinschaftlicher Zweck erkennbar ist.

Mit der Historischen Schule der Nationalökonomie rückte die geschichtliche Forschung ins Blickfeld dieser Wissenschaft. Beeinflusst durch Herder und die deutsche Romantik sowie durch die Geschichtsphilosophie Hegels entstand ein neues Zeitbewusstsein. Es wurde die Vorstellung vom ewigen Fluss der Dinge und von der Einzigartigkeit der Ereignisse entwickelt. Hegel verstand die Geschichte als Manifestation des ‚Volksgeistes‘, der sich in Kunst, Wissenschaft, Recht entfaltet. Vorläufer der Historischen Schule waren Justus Möser (1720-1794) sowie der Romantiker Adam Müller (1779-1829). Als Begründer kann Wilhelm Roscher (1817-1894) angesehen werden. Weiterhin gelten Bruno Hildebrand und Karl Knies als herausragende Vertreter dieser Schule. Als Kopf der Historischen Schule wird allgemein Gustav Schmoller (1838-1917) angesehen. Er prägte ganz entscheidend die Diskussion in der Ökonomie um die Jahrhundertwende.

In seinem Hauptwerk ‚Grundriß der allgemeinen Volkswirtschaftslehre‘ (2 Bände, 1900 und 1904) hat er seine ökonomischen Ideen und seine Hypothesen über das menschliche Verhalten niedergelegt. Er wendet sich sowohl gegen den revolutionären Marxismus als auch gegen den Utilitarismus. Schmoller vertritt eine historische Methode, die die wirtschaftliche Theorie aus der geschichtlichen Wirklichkeit entwickelt. Diese Wirklichkeit ist wiederum geprägt durch die Manifestation des deutschen ‚Volksgeistes‘. Somit vertritt Schmoller, generell gesprochen, ein historisches Menschenbild, das auf Sitte, Kultur und Recht des deutschen Sprach- und Kulturraumes gründet. Nicht der egoistische Nutzenmaximierer steht im Vordergrund, sondern die sittliche, deutsche Persönlichkeit, die sich als Teil des Staatswesens begreift. Der Erwerbstrieb und der Rationalismus werden nicht total verdammt, sondern eingebunden in die Kultur des deutschen Volkes.

Die Wirtschaft hat die Aufgabe, eine reichliche Versorgung eines Staates zu sichern. Die Gesamtheit der Staaten bildet die Weltwirtschaft, sie ist also kein autonomer Raum im internationalen Geschehen.

In der Frage des Egoismus und der Selbstliebe grenzt sich Schmoller explizit von Smith, dem englischen Sensualismus, von Hobbes und Mandeville ab. Er leitet den Erwerbstrieb zwar aus der menschlichen Natur, aus dem Hunger, ab, doch zeigt er seine historische Entwicklung. Erst entwickelte Ökonomien verfügen über einen ausgebildeten Erwerbstrieb. Dieser ist durchaus sinnvoll, da Waren nicht nur konsumiert werden müssen, sondern auch eine Vorrats- und Kreditbildung notwendig wird.

Schmoller verknüpft sein sittliches Menschenbild mit einer volkswirtschaftlichen Ordnung. Er weist dabei die darwinsche Konkurrenzidee zurück und plädiert für eine ethische Ordnung. Der Kampf der Geister wird hier nicht ausgeschlossen, allerdings soll die staatliche Ordnung die Kämpfe mildern und harmonisieren. Das schließt nicht aus, daß sich die staatlichen Ordnungen untereinander mit Gewalt behaupten müssen.

Schmoller wendet sich mit seinem Menschenbild gegen den Egoismus und die ‚individuelle Glückseligkeitslehre‘. Er will eine staatliche, harmonische Ordnung mit Freiheit der Rede, der Wissenschaft, der Religion und der Politik. Der Erwerbstrieb hat durchaus seine Berechtigung, wenn er in die allgemeine Sittlichkeit eingebettet ist. Schmoller kritisiert zwar die Klassengesellschaft, aber er hat durchaus Verständnis für gesellschaftliche Hierarchien. Sie ergeben sich aus der natürlichen und gesellschaftlichen Ungleichheit der Menschen. Jede höhere Kultur ist durch Klassen und Schichten geprägt. Mit dem Verweis auf ein gesellschaftliches Normensystem lenkt Schmoller den Blick nicht auf das nutzenmaximierende Individuum oder das entfremdete Proletariat, sondern auf die gesellschaftlichen Institutionen, die die Normen objektiv repräsentieren sollen. Damit wird der Staat zur ‚Kristallisation‘ des sittlichen Lebens. Das Individuum ist ein Teil davon, oder es muss seine Ideen und Interessen in den Staat einordnen, oder es wird eingeordnet. Schmoller will nicht die Interessen von Gruppen oder Klassen aussprechen, sondern das soziale Ganze ausdrücken. Das Verhältnis von individueller Freiheit und staatlichem Gesamtinteresse wird damit zu einem Spannungsproblem. Er stellt sich auch die Frage, ob das staatliche Gesamtinteresse wissenschaftlich bestimmbar ist oder nur ein Machtinteresse des Staates ausdrückt.

Die größte Kampfansage gegen den Liberalismus und gegen die deutsche Volkswirtschaftslehre war der Marxismus mit seiner materialistischen Methode. Er stellte beide unter einen Ideologieverdacht. Die bürgerliche Gesellschaft beruhe nach der Mehrwertlehre auf Ausbeutung und Unterdrückung des Arbeiters. Nicht Wohlstand werde erzeugt, sondern permanente Krisen und Zerstörung.

Steiner hat mit seinen 14 Vorträgen zur Nationalökonomie seine neue geisteswissenschaftliche Methode dokumentiert. Für ihn ist die soziale Frage eine geistige Frage. Im Vordergrund steht der neue Begriff des dreigegliederten sozialen Organismus aufgrund des dreigliedrigen Menschen: Körper, Seele und Geist (Stoffwechsel/Gliedmaßen, Herz/Rhythmus und Nerven/Sinnessystem). Er will die volkswirtschaftlichen Grundbegriffe: Arbeitsteilung, Eigentum, Ware und Geld, Kapital und Zins neu bestimmen und beobachten. Es stellt sich nun die spannende Frage: Wie kann diese Quadratur des Kreises gelingen?

Erster Vortrag: Ökonomische Theorie und die Veränderung der Wirtschaft

Die Probleme der Nationalökonomie sind nach Steiner (1922) erst eine neuere Schöpfung. Die wirtschaftlichen Verhältnisse sind nach ihm schwieriger geworden. In England war die soziale Frage schon in der ersten Hälfte des 19. Jahrhunderts existent. Hier bildete sich das Handelskapital heraus. Die englische Wirtschaft war nur möglich durch die Kolonien. Im zweiten Drittel des 19. Jahrhunderts bildete sich erst in Deutschland die Industrialisierung. Es war die dynamischste weltweit. In England hat sich die Auffassung zur Industrialisierung intuitiv vollzogen. In Deutschland hat sich die Entwicklung vom Agrarstaat zum Industriestaat viel bewusster vollzogen als in England.

In Deutschland wurde das Heil nach Steiner im Liberalismus gesehen, als eine Befreiung. Im Gegensatz zu England gab es in Deutschland eine volkswirtschaftliche Theorie: Schmoller, Roscher etc. Im letzten Drittel des 19. Jahrhunderts konsolidierte sich der Staat als reines Machtmittel. Die liberalistische Sichtweise wird zurückgedrängt, es setzt sich das Staatsprinzip durch. Der Gegensatz von England und Mitteleuropa wurde immer größer und rief nach Lösungen. Die gesellschaftliche Entwicklung hat gezeigt, dass die Menschen nicht in der Lage waren, die Probleme zu lösen.

Deutschland war nach Steiner aufgrund seiner strukturellen Entwicklung konkurrenzfähiger als England. Als man die Dreigliederung propagierte, gab es noch keine Valutaschwierigkeiten, heute überlagern diese Probleme die Diskussion zur Dreigliederung. Deswegen muss man heute anders über die Probleme sprechen.

Es ist eigenartig, dass man in einem nationalökonomischen Kurs Aussagen über das Gehirn und das menschliche Denken findet. Der Mensch hat nach Steiner einen schweren Körper und ein Gehirn, 1400 Gramm schwer. Wir denken nicht mit dem, was schwerer Stoff ist, sondern wir denken mit dem Auftrieb. Der Stoff muss erst seine Schwere verlieren, dann können wir denken. Wir denken mit dem, was wegfliegt von der Erde. Man hat verlernt, nationalökonomisch zu denken. Man rechnete nur mit den ponderablen Stoffen, man dachte nicht daran, welche Umwandlung zum Beispiel in einem Organismus ein Stoff hinsichtlich seiner Schwere erfährt, indem er einen Auftrieb hat.

Sehr interessant in diesem Zusammenhang ist Steiners Verweis auf die in der Physik herausgekommene falsche Lichtlehre. Dieser Hinweis deutet eine neue wissenschaftliche Methode an. Die ‚Spatzenwirtschaft' reicht nach Steiner nicht weit in das Menschenreich hinein. Gerade wie das Licht aufhört, gegen das Ultraviolette hinein als Licht zu erscheinen, so hört das menschliche Wirken im Wirtschaften auf, rein wirtschaftlich zu sein. „Ich habe das öfters charakterisiert, wie sich das zugetragen hat. Diese Erscheinungen beginnen erst im 19. Jahrhundert. Bis dorthin ist das Wirtschaftsleben noch ziemlich abhängig von den einzelnen menschlichen Fähigkeiten. Eine Bank gedieh, wenn ein einzelner an der Bank tüchtig war. Die einzelnen bedeuteten noch etwas." (Steiner 1922/S.18)

Im Wirtschaftsleben hängt nach Steiner vom Einzelnen wenig ab. „Wollen wir heute das wirtschaftliche Leben wirklich begreifen, so müssen wir es so ansehen, dass es in der Mitte liegt zwischen zwei Gebieten, wovon das eine in der Natur hinunter und das andere in das Kapital hinaufführt. Und dazwischen liegt das, was wir als das eigentliche wirtschaftliche Leben zu erfassen haben." (Steiner 1922/S.19)

Steiner weist immer wieder darauf hin, dass wir zwar Begriffe zur Charakterisierung der Volkswirtschaft brauchen, diese aber beweglich sein müssen, um die differenzierten ökonomischen Prozesse zu erfassen. Da er die Ökonomie als sozialen Organismus begreift, wählt er Analogien zum menschlichen Organismus.

„Wir genießen als Nahrungsmittel schwere Stoffe. Daß sie uns dienen können, liegt daran, daß sie ständig an Gewicht verlieren in uns, daß sie sich also total umändern. Das geht aber so weit, daß sie sich in jedem Organ anders umändern." (Steiner 1922/S.19). So sind auch die ökonomischen Begriffe in ihrer jeweiligen Situation zu deuten. Das gleiche Bild kann je nach Situation einen anderen Wert haben. Liegt es versteckt auf dem Dachboden oder in einem berühmten Museum?

Nach Steiner braucht man nicht nur bewegliche Begriffe und ein bewegliches volkswirtschaftliches Denken, sondern auch Begriffe, die der heutigen Zeit angemessen sind. Er wirft der Volkswirtschaftslehre vor, dass ihre Begriffe aus der Vergangenheit sind und diese der Gegenwart übergestülpt werden, ohne zu bemerken, dass sich die Gegenwart qualitativ in einer anderen Phase befindet: „Nun versucht man aber Wert, Preis, Produktion und Konsumtion etc. mit den Ideen zu fassen, die man hatte. Aber die taugen nichts. Daher haben wir im Grunde eine Volkswirtschaftslehre nicht erringen können. Wir können nicht mit den Begriffen, die wir gewohnt sind, zum Beispiel die Frage: Was ist Wert, was ist Preis? – beantworten; denn wir müssen das, was Wert hat, fortwährend in Zirkulation betrachten, wir müssen den Preis, der einem Wert entspricht, in fortwährender Zirkulation betrachten." (Steiner 1922/S.20)

Nach 1919 war nach Steiner kein Neuanfang. Die Folge war die Valutaentwicklung. Die Valutaentwertung war bestimmt durch die Staatsgrenze. Die alte Staatsbegrenzung greift also in den volkswirtschaftlichen Prozess ein. Die Wirtschaft geht aber über die Staatsgrenzen hinaus, deswegen müssen die Valutaprobleme auch transnational gedacht werden. Die Dinge müssen aber, im Gegensatz zum Liberalismus oder Marxismus, zudem polar gedacht werden. Einerseits die transnationale Ausdehnung, andererseits sind aber in jedem Land die Probleme länderspezifisch. Daher findet man nach Steiner, wenn man die französische Volkswirtschaftslehre studiert, eine andere Konstitution, als wenn man die englische, die deutsche oder andere Volkswirtschaften analysiert. Steiner will bereits im ersten Vortrag mit einer völlig neuen Methode auf die Volkswirtschaft und auf die Weltwirtschaft blicken. Die nationalökonomischen Begriffe werden neu gesehen und in ihrer jeweiligen ökonomischen Situation beobachtet. Nur so wird man der neuen Entwicklung nach Steiner gerecht.

Zweiter Vortrag: Die geistige Arbeit ist wertbildend

Die heutige moderne Volkswirtschaftslehre geht von starren Definitionen aus und einfachen Ursache-Wirkungs-Zusammenhängen. Das ermöglicht, ökonomische Probleme mathematisch zu modellieren und statistisch zu überprüfen. Steiner geht einen anderen Weg. Er verzichtet auf genaue Definitionen und beobachtet stärker den ökonomischen Prozess, der je nach Perspektive anders zu interpretieren ist.

In der Volkswirtschaft ist nach Steiner ständig alles in Bewegung. Er stellt den Preis in den Mittelpunkt der Betrachtung. Er geht damit vom Ende des Prozesses aus. Sonderbar. Es geht ständig um Kaufen und Verkaufen. Im Preis sind nach Steiner alle volkswirtschaftlichen Impulse enthalten. Eine Ware hat an einem bestimmten Ort einen Preis, wird sie weiter transportiert, steigt dieser. Der Preis schwankt mit Ort und Zeit. Und wir können einzelne Preise von den Bedingungen her verfolgen, durch die an einem bestimmten Ort der Preis sich gerade herausstellt in der Weise, wie er ist. Eine allgemeine Definition kann man nach Steiner nicht geben. Wohnt ein berühmter Mann im Viertel, steigen die Hauspreise. Bodenreformer wollen den gerechten Preis realisieren, dies ändert am volkswirtschaftlichen Zusammenhang nichts. Man kaschiert nur die Wirklichkeit.

Es gibt nach Steiner drei Produktions,faktoren': Natur, menschliche Arbeit und Kapital. Man darf aber nicht, wie in der herkömmlichen Theorie, die Faktoren isoliert betrachten. Man muss Einseitigkeiten vermeiden. Beschreibt man die Dinge von einem Gesichtspunkt, so hat der eine recht, betrachtet man sie von einem anderen Gesichtspunkt, so hat der andere recht (Arbeitnehmerseite/Arbeitgeberseite). Diese Betrachtungen sind nur gut für die politische Agitation. Adam Smith hatte vom Händlerstandpunkt durchaus recht, er hat aber die Volkswirtschaft nicht als Gesamtprozess gesehen.

Die Arbeit der Spatzen ist nach Steiner keine Arbeit im volkswirtschaftlichen Sinn. Der Spatz arbeitet nicht, er vollzieht nur sein Wesen. Wertbildend für die Tierwirtschaft ist lediglich die Natur selbst. Sobald der Mensch in der Arbeitsteilung steht, kommen Arbeit und Wert zustande. Durch Bearbeitung der Natur entsteht Wert. Volkswirtschaftlicher Wert von dieser Seite ist Naturprodukt, umgewandelt durch menschliche Arbeit. Der Wert erscheint an einer bestimmten Stelle in einer bestimmten Zeit, indem menschliche Arbeit ein Naturprodukt umwandelt.

Steiner grenzt sich damit von der marxistischen Arbeitswertlehre ab. Sie vernachlässige die eigenständigen geistigen Potenzen des Menschen in der Wirtschaft und betrachte den Markt affirmativerweise als einen Mechanismus, als eine Maschine. „Arbeit so betrachtet, wie sie z.B. Marx betrachtet, dass er sagt, man solle als Äquivalent suchen dasjenige, was aufgebraucht wird durch die Arbeit am menschlichen Organismus, das ist ein kolossaler Unsinn; denn aufgebraucht wird dasselbe, wenn der Mensch da auf dem Rad hinauftanzt, wie wenn er Holz hackt. Es kommt nicht darauf an im volkswirtschaftlichen Sinn, was am Menschen geschieht... Es kommt hingegen darauf an, wie sich die Arbeit in den volkswirtschaftlichen Prozess hineinstellt." (Steiner 1922/S.31)

Im Gegensatz zu Marx sieht Steiner den Geist als wertbildend. Wertbildung: Wenn wir diese Arbeit durch den Geist, die Intelligenz dirigieren. Da, wo die Arbeit im Hintergrund steht und der Geist vorne die Arbeit dirigiert, da scheint uns die Arbeit durch den Geist durch und erzeugt wiederum volkswirtschaftlichen Wert, so Steiner. „Denn wiederum bedenken Sie nur, wovon das alles abhängt, von wieviel dummen und gescheiten Leuten es abhängt, daß irgendwo vom Geiste die Arbeit modifiziert wird. Da sind lauter fluktuierende Bedingungen vorhanden. Aber dafür gilt das, was anschauungsgemäß ist, immer: daß auf diesen zwei polarischen Gegensätzen die wertbildenden Momente im volkswirtschaftlichen Prozeß zu suchen sind." (Steiner 1922/S.33)

Entweder wird die Natur nach Steiner durch die Arbeit modifiziert oder es wird die Arbeit durch den Geist modifiziert. Wenn irgendwo sich die Dinge zwischen Kauf und Verkauf abspielen, so werden Werte ausgetauscht. Wenn Wert und Wert aufeinanderprallen, entsteht durch die gegenseitige Bewertung der Preis. „Sie haben es nicht zu tun mit dem Apfel, sondern mit einem von Menschenhand veredelten Naturprodukt, das einen Wert darstellt." (Steiner 1922/S.34) Und man muss immer vom Wert in der Volkswirtschaft ausgehen, da er alle Informationen enthält.

Es ist falsch nach Steiner, von Gütern zu sprechen, sondern man muss wie die Romantiker von Werten reden. Man muss zudem zurückgehen, was hinter dem Wert sich ereignet. Man wollte das Fluktuierende definieren, das war der Fehler der Volkswirtschaftslehre. Dann kann allerdings der Preis entstehen, indem

Werte des einen Pols zusammenstoßen, oder indem Werte innerhalb eines Pols miteinander in Wechselwirkung treten. Damit grenzt sich Steiner von allen bisherigen dogmengeschichtlichen Positionen der Arbeitswertlehre oder der Grenznutzentheorie ab und zwingt den Leser in eine unbequeme, objektive Betrachterposition.

Dritter Vortrag: Die Preisfrage

Man muss nach Steiner vom Fluktuierenden ausgehen. Die herkömmliche Wissenschaft klärt zuerst die Fachbegriffe und fordert vom ökonomischen Diskurs, sich nur innerhalb dieser Definition zu bewegen. Das wird der Komplexität des ökonomischen Prozesses nicht gerecht. Die klassische Preistheorie schaut nicht hinter die Preise. Das wäre so, wie wenn der Physiker nur auf das Thermometer schaut und glaubt zu wissen, was Wärme ist. So ist es auch bei den Preisen und Werten, denn Preise und Werte verweisen auf etwas anderes. „Einen Sinn wird das Ganze nur haben, wenn man dazu kommt, Preise und Werte gewissermaßen so anzusehen wie Thermometerstände, die auf etwas anderes hinweisen. Nun geht aber daraus hervor, welche Form eigentlich die Volkswirtschaftslehre wird haben müssen." (Steiner 1922/S.39) Wenn die Preise sinken, müssen wir reagieren, z.B. durch Erhöhung des Umlaufs der Waren. Wenn das Thermometer sinkt, müssen wir einheizen, d.h. an anderer Stelle etwas tun.

Steiner stellt die Frage: Ist die Wissenschaft von der Wirtschaft eine Seins- oder eine Sollenswissenschaft? Die VWL ist nach ihm eine theoretische und praktische Wissenschaft. Im 15. und 16. Jahrhundert gab es die Probleme noch nicht. Die Ökonomie lief instinktiv bzw. wie im Orient nach religiösen Regeln ab. Erst im 18. Jahrhundert wurde eine Wissenschaft von der Ökonomie notwendig. „So handelt es sich auch in der Volkswirtschaftslehre darum, daß wir mit dem Handeln an einer ganz anderen Ecke angreifen. Da wird die Sache praktisch und wir müssen sagen: Volkswirtschaftslehre ist beides, eine theoretische Wissenschaft und eine praktische Wissenschaft." (Steiner 1922/S.40)

Nach Steiner darf man die Ökonomie nicht isoliert betrachten. Sie ist eine geistige Herausforderung und es stellen sich immer wieder auch Rechtsfragen. Die Eingliederung der Arbeit ist nur möglich durch die Entstehung des Rechts. Solange das religiöse Leben dominiert, schadet der Egoismus nicht. Wenn Recht und Arbeit sich heraussondern, entwickelt sich auch der Egoismus und es gilt die Forderung nach Gleichheit und Demokratie. Mit dem Egoismus kommt auch die Arbeitsteilung zur Erscheinung. Arbeitsteilung heißt, dass niemand, der Ware erzeugt, diese für sich verwendet. Wenn ein Schneider für sich näht, sind seine eigenen Produkte teurer als die zirkulierenden Produkte. Die Arbeitsteilung tendiert danach, dass niemand mehr für sich selbst arbeitet. Wirtschaftlich ist der Egoismus unmöglich. Der Liberalismus war nach Steiner nicht in der Lage, das Verhältnis von Egoismus und Arbeitsteilung angemessen zu bestimmen. Der Marxismus hatte dadurch ein Einfallstor für seine emotionale Polemik.

Nach Steiner ist die Brüderlichkeit in der Wirtschaft eine Notwendigkeit. Marx vertagt diese Frage auf nach der Revolution. Der Liberalismus betont die wirtschaftliche Freiheit, diese begünstigt jedoch ungerechterweise die Arbeitgeberseite. „Je weiter die Arbeitsteilung vorrückt, desto mehr muß das kommen, daß immer einer für die anderen arbeitet, für die unbestimmte Sozietät arbeitet, niemals für sich. Das heißt aber mit anderen Worten: Indem die moderne Arbeitsteilung heraufgekommen ist, ist die Volkswirtschaft in bezug auf das Wirtschaften darauf angewisen, den Egoismus mit Stumpf und Stiel auszurotten." (Steiner 1922/S.46)

Nicht ein Gott, nicht ein sittliches Gesetz, nicht ein Instinkt fordert nach Steiner im modernen wirtschaftlichen Leben den Altruismus im Arbeiten, im Erzeugen von Gütern, sondern einfach die moderne Arbeitsteilung. Also eine ganz volkswirtschaftliche Kategorie fordert das. Jeder Lohnempfänger ist noch ein Selbstversorger. Wie schaffen wir die Erwerbsarbeit ab? Müssen wir das? Sicherlich, sagt Steiner in vermeintlicher Zustimmung zum Marxismus! Denn wenn wir das nicht tun, bekommen wir niemals wahre Preise heraus. Wir müssen Preise und Werte herausbekommen, die nicht abhängig sind vom Menschen, sondern vom volkswirtschaftlichen Prozess, die sich Ergeben im Fluktuieren der Werte.

Die Kardinalfrage nach Steiner ist deswegen die Preisfrage. Das Thermometer kann man nur beobachten, wenn man einen Nullpunkt hat. In einem Spanungsfeld von Wert 1 und Wert 2 entstehen die Preise. Wert 1 entsteht durch Arbeit, aufgewendet auf Natur. Und Wert 2 entsteht durch die Anwendung des Geistes auf die Arbeit. Wert 1 und Wert 2 verhalten sich polar zueinander. Wer hauptsächlich dadurch verdient, dass er Arbeiter ist in einer Art, die vom Geist organisiert ist, der hat ein Interesse daran, dass die Naturprodukte entwertet werden. Beim Zwischenhändler stellen sich mittlere Werte ein. Der Unternehmer ist eigentlich ein Händler. „Er ist nebenbei seine Waren Erzeugender; aber volkswirtschaftlich ist er Händler. Der Handel hat sich ausgebildet nach der Seite der Produktion. In der Hauptsache, wesentlich, ist der Unternehmer Händler." (Steiner 1922/S.50)

Die liberale Ökonomie betrachtet nur die Preisfrage und schaut nicht hinter die Kulissen. Der Preis gilt als gesetzt, wie er zustande kommt, ist nicht von Interesse. Der Liberalismus geht vom souveränen Verbraucher aus. Wenn dieser einen Preis bezahlt ist dies gerechtfertigt, sonst würde er dies als rationaler, nutzenmaximierender Mensch nicht tun. Der Marxismus fragt wie Steiner: Was steckt hinter den Preisen? Marx beantwortet diese Frage mit seiner Mehrwertlehre. Diese lehnt Steiner als polemische Einseitigkeit ab.

Vierter Vortrag: Körperliche und geistige Arbeit

Marx bestimmt den Wert einer Ware durch die gesellschaftlich notwendig aufgebrachte Arbeitszeit. Aufgrund der Konkurrenz werden die Waren immer billiger hergestellt und ihre Werte sinken. Steiner begründet die Wertsenkung nicht aus der Konkurrenz, sondern durch Arbeitsteilung im sozialen Organismus. Marx argumentiert mit dem Gesellschaftsbegriff, der Kapitalismus beruhe nun mal auf der Konkurrenz. Steiner sieht vor allem die unterschiedlichen Funktionen im sozialen Organismus, die zur Geltung gebracht werden müssen.

Er benützt das Schneiderbeispiel, um seine Sichtweise deutlich zu machen. Der Schneider soll nur für die Arbeitsteilung arbeiten und nicht für sich selbst. Dies wäre für die Volkswirtschaft insgesamt am billigsten. Der Schneider kauft in der Arbeitsteilung die Schneiderware billiger nach einer gewissen Zeit. Man muss die Gesamtheit des sozialen Organismus betrachten.

Marx sieht nur die eine Seite der Wertbildung, die Anwendung der Arbeit auf die Natur. Steiner sieht dagegen die Anwendung des Geistes auf die Arbeit als zweite Seite der Wertbildung. Die Anwendung des Geistes auf die Arbeit verbilligt ebenfalls den Wert der Waren. Es werden Verfahren und Techniken entwickelt, die Arbeit ersparen. Das Kapital entsteht in der Arbeitsteilung, es verbilligt die Produktion. Es ist durch den Geist erfunden. Also durchgeistigte Arbeit tritt im Verlaufe der Arbeitsteilung auf. Was vom Geist an der Arbeit organisiert wird, emanzipiert sich von der Natur. Damit gibt es auch die Emanzipation des Kapitals von der Naturgrundlage.

Naw/Agw

Je mehr Kapital man hat, desto mehr verschwindet die Arbeit. Mit anderen Worten: Wir haben da einen realen Abstraktionsprozess. Es ist ganz dasselbe, was man sonst im logischen Denken in der Abstraktion innerlich vollzieht. Nun brauchen wir das Geld. Das Geld ist nichts anderes als der äußerlich ausgedrückte Wert, der durch Arbeitsteilung erwirtschaftet wird und der von einem auf den anderen übertragen wird, es ist eine vollkommene Abstraktion. Deshalb wird das Geld der Ausdruck, die Handhabe, das Mittel für den Geist, um einzugreifen in den volkswirtschaftlichen Organismus, der in der Arbeitsteilung steht.

Im volkswirtschaftlichen Sinne ist Geld nach Steiner wirksamer Geist, auch wenn es religiös abscheulich sein kann. Geld ist realisierter Geist. Der Geist ist im Geld drinnen, volkswirtschaftlich tätig. Derjenige, der das Geld erworben hat, wird zum Verleiher, zum Gläubiger. Der andere ist der Schuldner. Er arbeitet eigentlich nur auf der einen Seite volkswirtschaftlich als Schuldner, und auf der anderen Seite haftet er volkswirtschaftlich als geistiger Schöpfer. Nun kommt es nur noch auf die Qualität des Geistes an, die ehemalige Arbeit verschwindet.

Naw/Agw=Ware/Geld

In diesem Fall wird dasjenige, was auf der einen Seite Leihkapital ist, dadurch einfach, dass es Schuldkapital wird, umgewandelt in die zweite Etappe des volkswirtschaftlichen Prozesses. Das Kapital kommt durch die Niveaudifferenz in Fluss. Es läuft vom Dummen zum Klugen. „Und wir haben in einem Prozess, der auf Arbeitsteilung beruht, zu erkennen, dass der Quotient der in dem volkswirtschaftlichen Organismus vorhandenen Ware und dem in dem volkswirtschaftlichen Organismus vorhandenen Geld – wenn wir es ansehen nicht als dasjenige, was wir in den Kassen abzählen, sondern als dasjenige, was vom Geist des Menschen ergriffen wird – ein Zusammenwirken darstellt, in dem das Geld den Divisor ausmacht." (Steiner 1922/S.64)

Gesundheit = Naw/Agw = Ware/Geld

Den volkswirtschaftlichen Prozess machen wir überall innerlich mit, müssen ihn auch innerlich verstehen. Wir müssen Anschauungen entwickeln, damit wir einen Zähler und einen Nenner kriegen und um zu begreifen, dass etwas eine Division sein muss und nicht eine Subtraktion sein kann. Liberalismus und Marxismus betrachten die Wert- und Preisbildung von außen. Die einen verwenden eine einseitige subjektive Nutzenlehre, die anderen eine einseitige objektive Arbeitswertlehre. Beiden ist gemeinsam, dass sie den Eigenwert des Geistes auf die Arbeit vernachlässigen.

Fünfter Vortrag: Die Assoziation

Der Liberalismus hat nach Steiner kein Gespür für die Produktionsseite. Er konzentriert sich auf den Handel. Eine Ware wird eingekauft und zum höheren Preis verkauft. Das ist das Geschäftsmodell des Liberalismus. Der Marxismus verherrlicht den Arbeiter und die Produktion, die Wünsche der Konsumenten werden vernachlässigt. Steiner verfolgt dagegen eine ganzheitliche Perspektive des sozialen Organismus, ein Gleichgewicht von Produktion und Konsumtion.

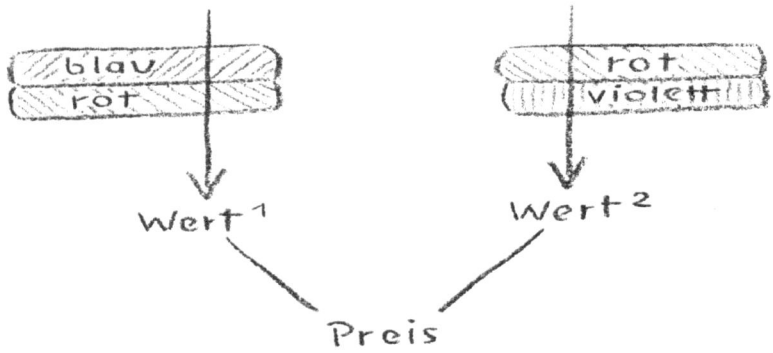

(Zeichnung 2: Steiner 1922/S.68)

Bisher wurde nur von Steiner die Perspektive der Produktion betrachtet. Nun kommt bei ihm die Konsumtionsperspektive hinzu. Die Konsumtion ist der entgegengesetzte Prozess der Produktion. Die Konsumtion braucht die in der Produktion geschaffenen Werte auf. Es muss eine ständige Entwertung der Werte erfolgen, damit wieder neu produziert werden kann. Deswegen ist der volkswirtschaftliche Prozess organisch. Es muss ständig produziert und verbraucht werden. Werte entstehen durch Anwendung von Arbeit auf Natur und durch Geist auf Arbeit. Es gibt eine wertbildende Spannung durch das Gegenüber von Produktion und Konsumtion. „Dadurch gerade hat man ein gewisses Recht, davon zu sprechen, daß der volkswirtschaftliche Prozeß ein organischer ist, ein Prozeß, in den das Geistige dann eingreift; denn ein Organismus besteht eben darinnen, daß er etwas bildet und dann wieder entbildet. Es muß fortwährend im Organismus produziert und verbraucht werden. Das muß auch im volkswirtschaftlichen Organismus da sein. Es muß fortwährend produziert und verbraucht werden." (Steiner 1922/S.69)

Steiner hält die Zinszahlung nicht für moralisch verwerflich, sondern ökonomisch notwendig. Man kann aber nicht, wie in der herkömmlichen VWL, eine generelle Aussage darüber machen, wie sich hohe oder niedrige Zinsen auswirken. Niedrige Zinsen für Personalkredite verbilligen die Waren. Bei Realkrediten für Grund und Boden bedeuten niedrige Zinsen eine erhöhte Nachfrage nach Grund und Boden und damit steigende Bodenpreise.

Das Kapital muss deswegen nach Steiner in der Natur verschwinden. Es darf sich nicht in Grund und Boden stauen. Realkredite sollen vermieden werden, Personalkredite sollen bevorzugt werden. Das Kapital muss sich verbinden mit der gesteigerten Leistungsfähigkeit derjenigen, die auf Grund und die Verwaltung ausüben. Dann verschwindet das Kapital, indem es hier bei der Natur ankommt, dann geht es durch die Natur in die Arbeit hinein und es beginnt ein neuer Kreislauf. Es entsteht zu viel Kapital, dadurch gibt es eine Werterhöhung in Grund und Boden. Es entsteht eine völlige Unordnung.

Grund und Boden als Natur hat überhaupt keinen Wert. Es ist ein Scheinwert. Man muss begreifen, was wirkliche Werte sind und was Scheinwerte sind. Irrtümer treten als Stauungen auf. „Der Grund und Boden, insofern er bloß Natur ist, kann ja noch überhaupt keinen Wert haben. Sie geben ihm ja einen Wert, indem Sie das Kapital mit ihm vereinigen, so daß man sagen kann: Dasjenige, was im heutigen volkswirtschaftlichen Zusammenhang Wert von Grund und Boden genannt wird, ist in Wahrheit nichts anderes als auf Grund und Boden fixiertes Kapital; das aber auf dem Grund und Boden fixierte Kapital ist nicht ein wirklicher Wert, sondern ein Scheinwert. Und darauf kommt es an, daß man auch innerhalb des volkswirtschaftlichen Prozesses endlich begreifen lernt, was wirkliche Werte sind und was Scheinwerte sind." (Steiner 1922/S.75)

Die Gesetzgebung in England hat eine Steigerung von Grund und Boden verhindert, in Mitteleuropa hat die Hypothekengesetzgebung Steigerung der Preise von Grund und Boden verursacht. Das Kapital muss in die Arbeit entwertet werden. Die Waren und das Kapital müssen aufgebraucht werden. Waren werden benützt, ebenso Kapital. Analogie zum Landwirt: Die Ernte wird verbraucht, aber ein Rest wird als Saatgut einbehalten. Beim Kapital ist es genauso, es wird nicht vollständig entwertet.

Assoziationen sollen zu starke Kapitalbildungen abschwächen und zu schwache Kapitalbildungen anfachen. Sie sollen die Vernunft in den ökonomischen Prozess hineintragen. Der Liberalismus sieht im Marktprozess einen objektiven und anonymen Beurteilungsmechanismus für die Preise. Der Einzelne kann sie nicht manipulieren. Der Markt ist praktisch eine ökonomische Erziehungsinstanz. Faule werden bestraft und Fleißige bevorzugt. Es ist damit für den Liberalismus eine natürliche und ewige Ordnung. Der Marxismus nennt den Marktmechanismus Wertgesetz. Dieses blinde Wertgesetz ist aber nichts Natürliches, sondern bedingt durch das Eigentum an den Produktionsmitteln. Es trägt durch den Fall der Profitrate den Untergang in sich. Die Assoziationen sind das Gegenteil vom anonymen Marktprozess oder zerstörerischem Wertgesetz. Die Mitglieder der Wirtschaft selber sollen in jeden Tauschakt Vernunft und Gerechtigkeit hineinbringen. Insofern ist die Assoziation auch eine Erziehungsinstanz. Die Beteiligten müssen ihre Egoismen und Eitelkeiten unterdrücken und sich bemühen, fachliche ökonomische Urteile zu fällen.

Steiner übt Kritik an der Freigeldlehre. Verbilligung der Waren durch weniger Geld: Das ist eine Thermometermanipulation. Die Freigeldlehre manipuliert das Geld und kuriert damit nur am Symptom herum. „Was für Ansichten herrschen zuweilen heute, wo man überall die Tendenz hat, lieber mit Begriffen zu arbeiten als mit Realitäten, das zeigen ihnen manche Freigeldleute. Die finden es ganz einfach. Wenn Preise, sagen wir, zu hoch sind irgendwo, also man zuviel Geld ausgeben muß für irgendeinen Artikel, so sorge man dafür, daß das Geld geringer wird, dann werden die Waren billiger, und umgekehrt." (Steiner 1922/S.80) Das ist nur ein Herumkurieren an den Symptomen.

Sechster Vortrag: Der gerechte Preis

Ausgangsfrage ist für Steiner: Was ist der richtige (gerechte) Preis? Liberalismus und Marxismus kennen diese Gerechtigkeitsfrage aus dem Mittelalter nicht. Er soll nach Steiner so hoch sein, dass die Arbeiter für sich und seine Angehörigen ein neues Produkt in Zukunft erstellen können. „Ein richtiger Preis ist dann vorhanden, wenn jemand für ein Erzeugnis, das er verfertigt hat, so viel als Gegenwert bekommt. Daß er seine Bedürfnisse, die Summe seiner Bedürfnisse, worin natürlich eingeschlossen sind die Bedürfnissse derjenigen, die zu ihm gehören, befriedigen kann so lange, bis er wiederum ein gleiches Produkt verfertigt haben wird." (Steiner 1922/S.82)

Diese Formel ist für Steiner erschöpfend. Aber wie man diese Formel realisiert, das ist die Aufgabe der Wissenschaft. Die Bezahlung für die Zukunft ist ganz wesentlich in dieser Formel enthalten. Wirtschaften besteht darin, dass man die künftigen Prozesse mit dem, was vergangen ist, ins Werk setzt. Natur-Arbeit-Kapital oder Natur-Arbeit-Geist. Sowohl der Liberalismus als auch der Marxismus kennen diese Zukunftsperspektive nicht. Der Liberalismus kennt hier nur die Gegenwart, den aktuellen Preis. Der Marxismus sieht im Kapitalismus sowieso keine Zukunft. Nur die Romantiker können teilweise als zukunftsorientiert bezeichnet werden.

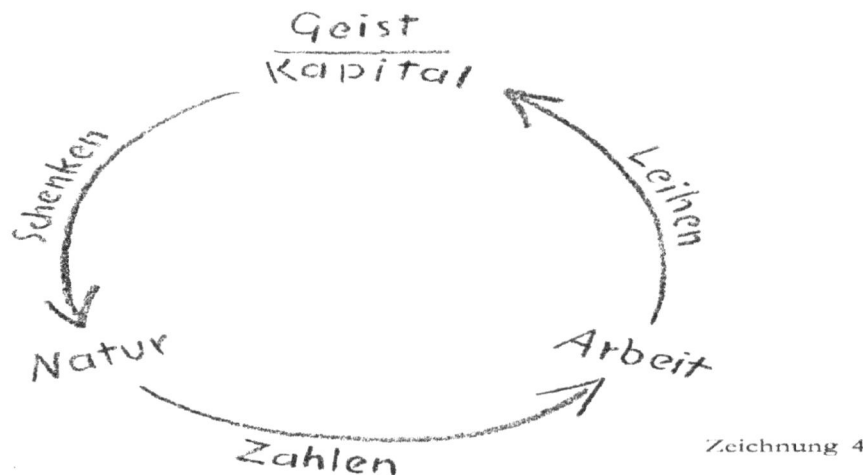

Zeichnung 4

(Steiner 1922/S.88)

49

Es stellt sich nun die Frage: Ist geistige Arbeit produktiv? Nach Marx ist z.B. der Buchhalter unproduktiv und wird aus dem Mehrwert bezahlt. Wir müssen nach Steiner unterscheiden zwischen Vergangenheit und Zukunft. Von der Vergangenheit in die Zukunft ist am Materiellen nur die rein materielle Arbeit auch im volkswirtschaftlichen Prozess produktiv. Ganz anders ist es von der Zukunft aus betrachtet.

Beispiel: Ein Schuster wird drei Wochen krank. Ein guter Arzt heilt ihn aber in einer Woche. Dann hat quasi der Arzt zwei Wochen lang die Schuhe produziert. Sobald von irgendeinem Punkt an die Zukunft in den Blick gerät, kann man nicht mehr sagen, dass das Geistige in die Zukunft hinein nicht mehr produktiv wäre. In der Vergangenheit sind die Geistesarbeiter nur konsumierend, in die Zukunft gedacht die Produzierenden.

Leibniz baut nach Steiner durch seine Differentialrechnung die Tunnel mit. Die geistige Arbeit hat gewisse Eigentümlichkeiten. Sie organisiert die Arbeit. Wenn man ein Bild malt, tritt eine vollständig freie Betätigung auf. Das vollkommen freie Geistesleben sind Unterricht, Erziehung sowie Forschung. Steiner betont immer wieder die Bedeutung des freien Geisteslebens für die Entwicklung an sich und auch für die Wirtschaft. Hier entstehen Ideen und Modelle für die Zukunft. Zunächst sind die Geistesarbeiter unproduktiv, sie konsumieren nur, sie leben von Schenkungsgeld. Dies ist bedeutsam für den sozialen Organismus, da konsumiert werden muss und da überschüssiges Geld als Schenkungsgeld entwertet wird. Ohne reine Konsumenten geht der volkswirtschaftliche Prozess nicht. Kaufen wird a tempo erledigt. Beim Leihen ist es anders. Wenn Geld verliehen wird, kann man den Geist anwenden. Ich werde zum Schuldner und Produzenten. Schenken wird benötigt, damit der volkswirtschaftliche Prozess weitergeht.

Es stellt sich die Frage nach der Besteuerung von Erbschaften = Schenkungen. Sollen sie aus Gründen der Gerechtigkeit hoch besteuert werden? Nach Steiner ist diese Frage nicht entscheidend. Es ist ein Denken aus dem Ressentiment heraus. Es kommt dagegen darauf an, was die Erben mit dem Geld machen. Wenn das Geld ins Geistesleben fließt, kann es positiv wirken.

Wie steht es mit dem freien Geistesleben mit Blick auf die Zukunft? Da ist es sehr produktiv. Das freie Geistesleben kann das Denken und die Kunst insgesamt beflügeln. „Nun aber, das Wichtigste ist nämlich dieses, daß wir vor der Tatsache stehen, daß ja das freie Geistesleben mit einer gewissen Notwendigkeit herausentsteht aus dem Eintritt des Geistes überhaupt in das Wirtschaftsleben. Und dieses freie Geistesleben – ich habe es vorhin gesagt –, es führt dazu, daß reine Konsumenten da sind für die Vergangenheit. Aber wie steht es mit diesem freien Geistesleben mit Bezug auf die Zukunft? Da ist es nämlich in einem gewissen Sinn mittelbar produktiv, aber außerordentlich produktiv." (Steiner 1922/S.93)

Das Geld soll nicht in Grund und Boden fließen, sondern als Schenkung ins freie Geistesleben. „Diese freien Geistesmenschen haben nämlich die Eigenschaft, daß sie den ‚Gritzi', die Geistigkeit, bei den anderen loslösen, daß sie ihr Denken beweglicher machen, und daß dadurch die anderen besser in die materiellen Prozesse einzugreifen vermögen." (Steiner 1922/S.94) Schenkungsgeld für ein freies Geistesleben ist eine Idee, die bis heute neu ist für die Volkswirtschaftslehre. Vor allem kennt der Marxismus die Begriffe freies Geistesleben und Schenkungen in das freie Geistesleben nicht. Der Marxismus erklärt die Konjunkturzyklen aus einem Überfluss an Geld, das in die Produktion fließt und die Krise verschärft, weil es keine Absatzwege mehr gibt. Steiner dagegen schlägt vor, das überschüssige Geld im Geistesleben zu entwerten. Somit sind Geistesarbeiter keine unproduktiven Zeitgenossen, sondern notwendig für den sozialen Organismus und produktiv für die Zukunft. Doch was meint freies Geistesleben? Es muss mehr sein als freie Entscheidung über Konsum und Produktion, Vertragsfreiheit, Reisefreiheit und freie Meinungsäußerung. Wie diese Vorträge zeigen und auch die Vorträge zur Physik, geht es vor allem um eine neue, freie wissenschaftliche Methode, die das Wesen der Dinge erspüren und zur Geltung bringen will.

Siebter Vortrag: Der volkswirtschaftliche Kreislauf

Es geht in diesem Vortrag um eine Beschreibung von zwei volkswirtschaftlichen Kreislaufprozessen nicht, wie herkömmlicherweise, auf der Basis der Lehre von den drei Produktionsfaktoren, die alle Faktoren gleichbehandelt, sondern auf der Berücksichtigung der unterschiedlichen Qualitäten der Produktionsfaktoren. Nach Steiner beruht der Preis von Grund und Boden nicht auf wirtschaftlichen Verhältnissen, sondern auf Macht und Eigentumsrechten. Der Arbeiter verkauft nicht seine Arbeit, sondern die Ergebnisse der Arbeit, das Kapital ist nur geliehen. Es gilt zu untersuchen, wie Kaufen-Leihen-Schenken die Preisbildung beeinflussen. Für den volkswirtschaftlichen Prozess und die Preisbildung ist es unbedingt notwendig, dass Kaufen, Leihen und Schenken angemessen ineinandergreifen und man keine Scheinbegriffe benützt.

Wert entsteht nach Steiner durch Austausch. Die Ware muss sich gegenseitig bewerten. Das Geld ist nicht das Bedeutsame dabei. Es ist nur eine Erleichterung. In Wirklichkeit ist es die gegenseitige Spannung, welche zwischen den Erzeugnissen auftritt im volkswirtschaftlichen Prozess, die mit der Preisbildung zu tun haben muss. Wir können Arbeit nicht austauschen, weil es keine gegenseitige Beurteilungsmöglichkeit gibt. Der Arbeiter erzeugt Werte und die kauft ihm der Unternehmer ab. Der Unternehmer bezahlt den Arbeiter bis zum letzten Heller für die Erzeugnisse, die ihm die Arbeit liefert. Der Unternehmer setzt dem Wert der Erzeugnisse der Arbeiter Unternehmensgeist zu und verkauft die Ware teurer weiter: Das ist der Unternehmensgewinn. Es entsteht kein Mehrwert.

Die Preise werden überall nach Steiner im volkswirtschaftlichen Prozess gefälscht. Es macht jemand eine Erbschaft und verkauft seine Waren billiger, weil er genug Geld hat. Dann sind die Werte nicht gesunken, sondern es hat eine Fälschung stattgefunden. „Daß nicht alle Werte im Verkehr bezahlt werden, das können Sie ja unglaublich leicht einsehen. Denken Sie sich doch nur einmal: Wenn irgendjemand, sagen wir, Fabrikant ist, kleiner Fabrikant ist und plötzlich eine reiche Erbschaft macht, und ihm die ganze Geschichte mit der Fabrik zu dumm wird, so kann er beschließen, dasjenige, was er noch hat an Waren, unglaublich billig verkaufen." (Steiner 1922/S.98)

Beim Lohn liegt nach Steiner ein Kauf der Erzeugnisse des Arbeiters vor. Wie ist es bei Grund und Boden? Sie unterliegen der Macht und damit des Rechts. Der Besitzer kann für den Boden mehr nehmen als ihm zusteht. Es liegt eine Zwangsschenkung vor. Wenn Forstleute und Landwirte zusammenleben, kommt der Forstmann besser weg. „Bei der Landwirtschaft muß schon eine wirkliche Arbeit aufgebracht werden; bei der Forstwirtschaft stehen wir noch sehr nahe der arbeitslosen Bewertung, die eben ganz allein aus Rechts- und Machtverhältnissen hervorgeht. Und wenn unter Landwirten Handwerker leben, so haben die Preise wiederum die Tendenz, gegen die Landwirtschaft höher, als die Wahrheit ist, zu steigen, und gegen das Handwerk hin niedriger sich zu senken, als die Wahrheit ist." (Steiner 1922/S.100)

Im Kern ist die Landwirtschaft in einer geschlossenen Wirtschaft ein Selbsterzeuger und damit teurer. Im Prozess wird Bodenrente erzeugt. Wie macht man sie unschädlich? Kapital wird ständig entwertet. Nach dem Boden hin wird es immer teurer, nach dem Kapital hin billiger. „Der Selbstversorger lebt tatsächlich teurer, also muß er für seine Produkte mehr nehmen, eigentlich muß er sie sich höher berechnen als derjenige, der seine Produkte im freien Verkehr erwirbt von anderen." (Steiner 1922/S.101)

Der Unternehmer kann kein Selbstversorger sein. Steigende Preise bei der Landwirtschaft – sinkende Preise bei der Industrie. Es werden Spannungen erzeugt. Wie kann man die Spannungen lösen? Das überschüssige Kapital darf nicht in Grund und Boden fließen, sondern in geistige Unternehmungen. Die Spannungen und Störungen sind ständig auszugleichen, das macht die Assoziation.

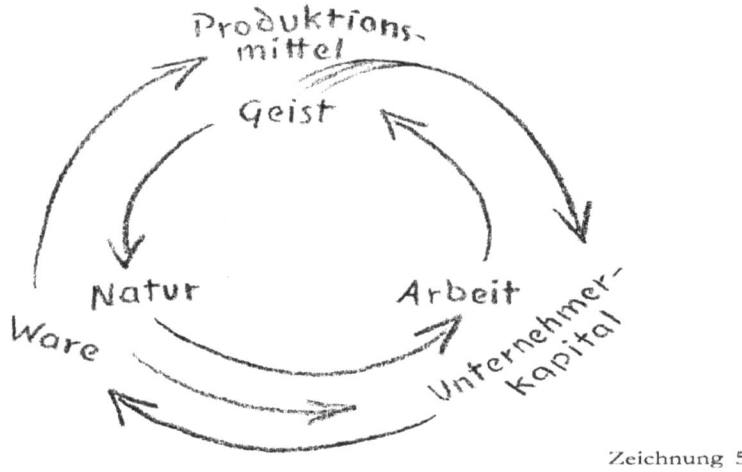

Zeichnung 5

(Steiner 1922/S.106)

Steiner skizziert die richtigen volkswirtschaftlichen Kreisläufe auf der Basis seiner Lehre der Produktions'faktoren' und den Kategorien Kaufen, Leihen, Schenken. „Natur ist da, aber Wert wird erst durch die bearbeitete Natur, wenn

53

sich Natur gegen Arbeit bewegt. Und Wert wird erst durch Arbeit, wenn sich diese gegen Kapital oder den Geist bewegt." (Steiner 1922/S.106) Das so erzeugte überschüssige Kapital kann nur in einem freien Geistesleben entwertet werden. Dann hätten wir ein Gleichgewicht. Die traditionelle Ökonomie kennt diese Entwertungsmöglichkeit nicht und steckt das überflüssige Kapital in Grund und Boden oder in Maschinen und heizt somit die Krise weiter an.

Dieser Kreislaufprozess braucht nun einen Gegenprozess: „Das ist nämlich diejenige Bewegung, welche nicht in die Verwertung hineinführt, so hineinführt, daß das Vorhergehende von dem Nächsten übernommen wird, sondern die im entgegengesetzten Sinn geht." (Steiner 1922/S.106f)

Wie entstehen die Produktionsmittel? „Dann, wenn der Geist aufnimmt, was bearbeitet Natur ist, wenn es nicht einfach in der fortschreitenden Bewegung, entgegengesetzt dem Zeiger einer Uhr, in den volkswirtschaftlichen Prozeß hineinführt, sondern wenn er es aufnimmt, so entsteht das Produktionsmittel." (Steiner 1922/S.107)

Die Produktionsmittel metamorphosieren sich zum Unternehmerkapital: „Ebenso aber kann dasjenige, was mit Hilfe des Produktionsmittels sich hier bildet, sich weiterbewegen und wiederum in Empfang genommen werden von der Arbeit…Das ist das Unternehmerkapital." (Steiner 1922/S.107)

Produktionsmittel und Unternehmerkapital führen im volkswirtschaftlichen Prozeß zur Ware: „Und wenn diese Bewegung sich jetzt fortsetzt, so daß fortwährend übernommen wird von der Natur – allerdings von einem anderen Teil der Natur als beim Konsumtionsprozeß –, so daß fortwährend übernommen wird von der Natur dasjenige, was mit Hilfe von Produktionsmittel und Unternehmerkapital hervorgebracht wird, dann entsteht erst im volkswirtschaftlichen Prozeß dasjenige, was eigentlich die Ware ist." (Steiner 1922/S.108) Steiner will mit seinen zwei volkswirtschaftlichen Kreisläufen die qualitativen Unterschiede von Boden, Arbeit und Kapital als Gleichgewichtsprozess erfassen.

Achter Vortrag: Drei Preisformeln

Die herkömmliche Ökonomie kennt nur eine Preisformel. Angebot und Nachfrage bestimmen den Preis. Steiner plädiert auch hier für eine differenzierte Betrachtungsweise und weist drei Gleichungen nach. Nach Smith regelt sich der

Preis von selbst durch Angebot und Nachfrage. In der Wirklichkeit hat man nach Steiner nichts in der Hand mit diesen Begriffen. Dagegen braucht man bewegliche Begriffe. Angebot an Ware ist Nachfrage nach Geld. Angebot in Geld ist Nachfrage nach Waren. „So daß wir sagen: beim Konsumenten haben wir mehr zu sehen auf das Wechselspiel zwischen Preis und Nachfrage. Beim Händler haben wir mehr zu sehen auf das Wechselspiel zwischen Angebot und Nachfrage. Und beim Produzenten handelt es sich darum, daß wir jetzt bei ihm zu sehen haben auf das Wechselspiel zwischen Angebot und Preis." (Steiner 1922/S.114)

$$P = f(a,n)$$

Angebot, Nachfrage und Preis sind primär. Angebot, Nachfrage und Preis sind voneinander unabhängig.

$$X = f(a,n,p)$$

Adam Smith betrachtet die Sache vom Händlerstandpunkt aus. Anders ist es vom Standpunkt der Produzenten oder Konsumenten.

Konsument: Preis und Nachfrage

Produzent: Angebot und Preis

Händlergleichung: $p = f(a,n)$

$$X = f(a,n,p)$$

Konsumentengleichung $a = f(p,n)$

Produzentengleichung $n = f(a,p)$

Nach Steiner kommen ständig Fehlurteile zustande, weil man meist nur die Händlergleichung als Bewertungsmaßstab nimmt. „Wenn Sie diese drei Gleichungen haben, so wird derjenige, der ganz und gar nur die Usancen des Händlers kennt, immer die erste Gleichung im Kopfe haben, wird unter dem Einfluss dieser Gleichung handeln und wird also wissen können, was unter dem Einfluss dieser Gleichung steht. Ebensogut wird der Konsument, der mit Verstand den Konsum verfolgt, alles wissen, was unter dem Einfluß der zweiten Gleichung steht. Und der Produzent wird alles wissen, was unter dem Einfluß der dritten Gleichung steht." (Steiner 1922/S.122) Nach Steiner kann eine einzige Preisformel die Komplexität des volkswirtschaftlichen Prozesses nicht erfassen.

Im Tauschhandel spielt nach Steiner das Recht hinein, ich könnte ja auch die Ware stehlen. Das Geld muss rechtlich anerkannt sein. Über das Recht kommt das Geld in den sozialen Organismus. Der Schuster kann für die 20 Gulden für die Schuhe neue Schuhe produzieren oder etwas ganz anderes damit machen. Das ermöglicht ihm das Geld, er kann mit dem Geld seine Fähigkeiten woanders einsetzen. Damit kommen die Fähigkeiten in den sozialen Organismus. Sodass im volkswirtschaftlichen Prozess fortwährend auftreten: Austausche zwischen Rechten und Waren, zwischen Fähigkeiten und Waren und wieder zwischen Fähigkeiten und Rechten. Dinge, die gar nicht miteinander vergleichbar sind, werden im volkswirtschaftlichen Sinn ausgetauscht.

Der Arbeiter ist nach Steiner gegenüber dem Unternehmer in einer ungünstigeren Position. Der Unternehmer kennt die Verhältnisse besser. Dass die Arbeit bezahlt wird, behaupten die Arbeitervertreter in ihrer Agitation. Es werden die Ergebnisse der Arbeit bezahlt. „Der Gewinn wird dadurch geholt, daß der Arbeiter in einer ungünstigeren sozialen Lage ist, und daß daher die Ergebnisse seiner Arbeit, die er verkauft, an der Stelle, wo er sie verkauft, weniger Wert haben, als wenn der Unternemer, der in einer anderen Position ist, sie weiterverkauft." (Steiner 1922/S.119)

In der Agitation werden Emotionen und Ressentiments gepeitscht. Ich schreibe viele Ansichtskarten, damit der Briefträger Arbeit hat. Steiner widerspricht hier: Wer produziert die Lebensmittel für die Briefträger? Man muss den volkswirtschaftlichen Prozess betrachten, nicht eine einzelne Maßnahme. Das Urteil muss aus dem Konkreten kommen: Vom Händler, Anbieter und Nachfrager. Die Assoziation soll deswegen nach Steiner das Ganze koordinieren: „Das Urteil, das im wirtschaftlichen Leben gebildet werden muß, muß aus der unmittelbaren Konkretheit gebildet werden. Und das kann auf keine andere Weise geschehen, als daß für bestimmte Gebiete, deren Größe sich – wie wir gesehen haben – aus dem volkswirtschaftlichen Prozeß heraus ergibt, die Assoziationen gebildet werden, in denen eben gleichmäßig aus den verschiedenen Zweigen heraus alle drei Vertretungen sitzen, desjenigen, was im wirtschaftlichen Leben vorkommt: der Produktion, der Konsumtion und der Zirkulation." (Steiner 1922/S.123) An dieser Stelle sollte auch deutlich werden, dass der Autor sich durchaus als ein praktischer Ökonom versteht.

Die Volkswirtschaftslehre hat nach Steiner nicht die Entwicklung von der Tauschwirtschaft zur Geldwirtschaft und dann zur Fähigkeitenwirtschaft verstanden. „Es hat sich unsere Volkswirtschaftswissenschaft so entwickelt, was sich vollzogen hat von der Tauschwirtschaft zu der Geldwirtschaft und zu der Fähigkeitenwirtschaft. Sie bandelt in ihren Begriffen immer noch herum in der Tauschwirtschaft und betrachtet das Geld noch so, als ob es nur eine Art von Stellvertreter wäre für den Tausch." (Steiner 1922/S.124) Hier ergeht der Vorwurf an die herkömmliche Theorie, dass ihre Vorstellungen nicht mehr zeitgemäß seien.

Neunter Vortrag: Kauf-, Leih- und Schenkungsgeld

Steiner versucht die volkswirtschaftlichen Prozesse zu differenzieren. So gibt es nicht nur eine Preisformel, sondern deren drei, um die Wirklichkeit zu verstehen. Auch darf man nicht nur das Ökonomische betrachten, sondern wichtig für die Ökonomie ist auch der Prozess am Rande. Dies versucht er am Beispiel Roggenpreis zu verdeutlichen: Großlandwirte sagen, am Roggenpreis verdient man nichts. Herstellkosten und Gewinn sind nicht realisierbar. Man verkauft unter Preis. Das ist eigentlich unmöglich, aber es geschieht. Es gibt aber einen Bilanzausgleich durch das Saatgut und den Dünger. Der Dünger ist für die Zukunft aber von großer Bedeutung und muss deswegen mitgedacht werden. Insofern ‚verdient' der Großlandwirt auch an einem relativ niedrigen Roggenpreis. Es sei denn, er nimmt Mineraldünger.

So sind auch geschickte Ärzte in der Wertbildung von Bedeutung. Ist ein Schuster krank und ein guter Arzt kann ihn schnell heilen, dann kann der Schuster in der ersparten Zeit mehr Werte schaffen. „Wer hat jetzt, volkswirtschaftlich gedacht, die Schuhe fabriziert? – Volkswirtschaftlich gedacht, hat sie zweifellos in diesem Augenblick des volkswirtschaftlichen Prozesses der Arzt fabriziert. Es ist ja gar nicht daran zu zweifeln." (Steiner 1922/S.127) Der Autor meint dies nicht ironisch. Er will auf die Komplexität der volkswirtschaftlichen Fragen hinweisen. Denn er fragt: Erhält denn der Arzt eine Vergütung für die Schuhfabrikation?

Er stellt nun die Frage: Welches Geld ist am produktivsten? Für Steiner ist klar, dass das Schenkungsgeld am produktivsten ist. Da der menschliche Geist die Erfindungen und neue Verfahren kreiert. „Sie werden dann finden, daß die Schenkungen das Allerproduktivste sind, so daß also Schenkungskapitalien das Allerproduktivste im volkswirtschaftlichen Prozess sind. Weniger produktiv im volkswirtschaftlichen Prozeß sind die Leihkapitalien, und am unproduktivsten im volkswirtschaftlichen Prozeß ist dasjenige, was unmittelbar unter dem Kauf und Verkauf steht." (Steiner 1922/S.129)

Nach Steiner macht es wenig Sinn, von dem Kapital zu reden, sondern es ist eine differenzierte Betrachtungsweise vorzunehmen. Das Kapital gliedert sich nach ihm in Handelskapital, Leihkapital und Industriekapital. Man darf die Ökonomie nicht isoliert sehen, sondern sie wirkt auch in die Politik. In Frankreich wirkt vor allem das Leihkapital. Frankreich war ein leihendes Land, vor allem nach Russland und in die Türkei. Leihkapitalisten sind friedliche Leute, da sie ihr Kapital zurückhaben wollen. „Das ist ja auch der Grund, warum es immer möglich ist, daß man mit Bezug auf Frankreich sagt, daß es keine Schuld am Kriege hat. Aus dem einfachen Grunde kann man es sagen, weil, wenn man beweisen will, daß in Frankreich nicht der Krieg gewollt worden ist, man nur auf die Interessen der Kleinrentner hinzuweisen braucht, nicht auf die Interessen derjenigen, die zum Krieg getrieben haben." (Steiner 1922/S.132) Das Leihkapital braucht aber eine autoritäre Absicherung.

Will man das Handelskapital und seine politischen Interessen studieren, muss man England studieren. „Wenn man die Funktion des Handelskapitals studieren will, dann ist es gut, England zu studieren, und zwar vorzugsweise in derjenigen Zeit, in welcher England seinen großen wirtschaftlichen Fortschritt gemacht hat durch den Handel, wodurch das Handelskapital immer erhöht wurde, so daß eigentlich England ganz sanft und allmählich in den neueren Industriealismus eingetreten ist." (Steiner 1922/S.136)

Da in Deutschland die industrielle Entwicklung sich später vollzog als in England, war die Entwicklung zum Industriekapital am schnellsten. „Nun das Industriekapital, das ist ja eigentlich tatsächlich hineingestellt zwischen, ich möchte sagen zwei Puffer. Der eine Puffer ist das Rohprodukt, das andere sind die Märkte." (Steiner 1922/S.134) Aus diesem Grunde können eher politische Konflikte um Rohstoffe oder Absatzmärkte entstehen. Diese Differenzierungen sind z.B. notwendig, um den Ersten Weltkrieg besser beurteilen zu können.

Das Leihkapital lässt die Banken entstehen. Das Ganze wird dann unnatürlich und unpersönlich. Eine subjektlose Wirtschaft entsteht. „Damit wird das Ganze nicht nur unpersönlich, sondern sogar unnatürlich, es wird alles in die sich selbst bewegende Geldströmung hineingezogen, Geldwirtschaft ohne natürliches und persönliches Subjekt, das ist dasjenige, wo hintendiert hat gegen das Ende des 19. Jahrhunderts das, was ursprünglich durchaus vom persönlichen und vom natürlichen Subjekt getragen war." (Steiner 1922/S.138) Subjektlose Geldzirkulation im Persönlichen und objektloser Imperialismus in der Wirtschaft sind neue Erscheinungen.

Zehnter Vortrag: Der Zins

Es stellt sich nun die Frage, wie man die Werte in den volkswirtschaftlichen Prozess bringt. Es stellt sich die Frage nach dem Gewinn. Beim Tausch müssen beide einen Vorteil haben. Der Verkäufer soll gewinnen. Der Käufer kann aber nicht ständig benachteiligt werden. Auch der Käufer kann einen Gewinn machen. „Wir haben also die merkwürdige Erscheinung, daß zwei austauschen und jeder muß – wenigstens im normalen Kaufen und Verkaufen – eigentlich gewinnen. Das ist viel wichtiger zu beachten in der praktischen Volkswirtschaft, als man gewöhnlich denkt." (Steiner 1922/S.141)

Also muss ich nach Steiner, wenn ich verkaufe, in einem solchen volkswirtschaftlichen Zusammenhang drinnenstehen, dass durch diesen volkswirtschaftlichen Zusammenhang bei mir das Geld einen größeren Wert hat als bei dem anderen und bei ihm die Ware einen größeren Wert hat als bei mir. Es kommt auf den volkswirtschaftlichen Zusammenhang an von Käufern und Verkäufern. Beide gewinnen. Das Wichtigste ist, was man mit dem machen kann, was man bekommt. Der Vorteil bringt den volkswirtschaftlichen Prozess in Bewegung. Und dieses Hängen an diesem Vorteil ist dasjenige, was eigentlich den ganzen volkswirtschaftlichen Prozess hervorbringt, was die Kraft in ihm ist. Es ist das, was beim physikalischen Arbeitsprozess die Masse darstellt. Sodass wir im Gewinn und im Leihkapital durchaus dasjenige haben, was im volkswirtschaftlichen Prozess drückt und saugt. „Und dieser Gewinn, der ist nicht etwas bloß Abstraktes; dieser Gewinn, an dem hängt das unmittelbar wirtschaftliche Begehren des Menschen und muß daran hängen. Ob der Betreffende Käufer oder Verkäufer ist, es hängt sein wirtschaftliches Begehren an diesem Gewinn, an diesem Vorteil. Und dieses Hängen an diesem Vorteil ist dasjenige, was eigentlich den ganzen volkswirtschaftlichen Prozeß hervorbringt, was die Kraft in ihm ist." (Steiner 1922/S.145)

Voraussetzung des Leihens ist, dass der andere wiederum zurückleiht, wenn es nötig ist. Der Zins ist dasjenige, das ich bekomme, wenn ich auf die Gegenseitigkeit verzichte, wenn ich also etwas leihe und ausmache mit ihm, dass er mir niemals etwas zu leihen braucht. Dann haben wir im Zins die realisierte Gegenseitigkeit. „Was ist denn dann, wenn die Dinge so sind, der Zins? Der Zins, - das ist, übrigens schon von einzelnen Volkswirtschaftlern bemerkt worden -, der Zins ist dasjenige, das ich bekomme, wenn ich auf die Gegenseitigkeit verzichte, wenn ich also jemandem etwas leihe, und ausmache mit ihm, daß er mir niemals etwas zu leihen braucht; dann, wenn ich also auf die Gegenseitigkeit verzichte, dann bezahlt er mir dafür den Zins. Der Zins ist die Ablösung geradezu für etwas, was zwischen Mensch und Mensch spielt, ist die Vergeltung für dasjenige, was im volkswirtschaftlichen Prozeß als menschliche Gegenseitigkeit spielt." (Steiner 1922/S.148f)

Wir müssen nach Steiner Bilder bilden, um die volkswirtschaftlichen Tatsachen anschaulich zu machen. Wir müssen uns bequemen, in bildhafter Weise uns einzulassen auf Produktion, Handels- und Konsumtionsereignisse. Die Assoziation bestimmt letztlich den Wert. In ihr muss Gemeinsinn sein. Deswegen geht es nicht um Moral, sondern um den Vollzug von wirtschaftlichem Denken. Die Assoziationen drücken diesen Gemeinsinn aus. Gemeinsinn ist ein Resultat des freien Geisteslebens. „Darinnen sein muß in solchen Assoziationen dasjenige, was man eben darinnen haben wird, wenn solche Assoziationen überhaupt nur als notwendig anerkannt werden; darinnen wird in diesen Assoziationen Gemeinsinn sein müssen, wirklicher Sinn für den ganzen Verlauf des ganzen volkswirtschaftlichen Prozesses." (Steiner 1922/S.152)

Wenn jemand Leihkapital als Kredit bekommt und produziert, so produziert er solange, wie seine Fähigkeiten andauern. „Nachher geht durch eine nicht von Mensch zu Mensch bewirkte, sondern durch eine im volkswirtschaftlichen Gang sich vollziehende Schenkung in der vernünftigsten Weise das, was da gewirkt hat, auf den über, der die nötigen Fähigkeiten dazu hat. Und es ist nur nachzudenken, wie durch eine Dreigliederung des sozialen Organismus eben Vernunft in diese Schenkung hineinkommen kann. Da grenzt das Volkswirtschaftliche an das, was nun im umfassendsten Sinn überhaupt das Soziale im Menschen ist, was zu denken ist für den gesamten sozialen Organismus." (Steiner 1922/S.153f) Es ist erstaunlich, wie nüchtern Steiner die politisch umstrittene Kategorie des Leihkapitals und des Zinses betrachtet und sogar mit dem Sozialen in Verbindung bringt.

Elfter Vortrag: Die Weltwirtschaft

Die Wirtschaftswissenschaften haben nach Steiner geglaubt, dass aus ökonomischen Gründen der Erste Weltkrieg sehr kurz sein würde. Ihre Gründe waren nicht schlecht, trotzdem hat die Wirklichkeit die Volkswirtschaftslehre überlebt. Der Fehler der Volkswirte war, dass sie nicht weltwirtschaftlich dachten. „Das Ergebnis der Wirklichkeit war, daß länger Krieg geführt werden konnte, als aus Überlegungen der Volkswirtschaft heraus möglich war. Es hat also offenbar die Volkswirtschaftslehre nicht die Wirklichkeit umspannt, sondern diese Wirklichkeit war anders, als die Volkswirtschaftslehre gemeint hat." (Steiner 1922/S.155)

Die Merowinger hatten eine primitive, geschlossene Wirtschaft mit sozialem Organismus, also auch Rechts- und Geistesleben. Durch den Liberalismus ist das Geistesleben immer unfreier geworden, durch die Macht des Staates. Der Gipfel dieser Entwicklung zu mehr Staat ist die Sowjetunion. „Denn die große Unfreiheit des Geisteslebens haben wir ja in der neueren Zivilisation erst heraufziehen sehen unter dem Einfluß des Liberalismus. Erst als der Liberalismus gekommen ist, ist eigentlich das Geistesleben immer unfreier und unfreier geworden." (Steiner 1922/S.197)

Die moderne VWL ist aus der Privatwirtschaft entstanden. Smith denkt aus der Perspektive der Privatwirtschaft. Es gibt Vorteile durch den Austausch mit anderen Privatwirtschaften. Nicht die mächtigste Privatwirtschaft hat die Führung übernommen, sondern die Staatswirtschaft.

England wurde führend in der Welt durch die Kolonien und Goldwährung. Es ist unter dem Einfluss des Weltverkehrs England die führende Wirtschaftsmacht geworden. Hume, Smith, Ricardo haben diese Richtung begründet, Marx sie auf den Kopf gestellt.

Ende des 19. Jahrhunderts entwickelte sich die Weltwirtschaft. Wenn alle miteinander Handel treiben, entsteht Weltwirtschaft. Wenn sich die Privatwirtschaften zur Weltwirtschaft vereinen, gibt es insgesamt Vorteile. Die einzelnen Privatwirtschaften verlieren an Wert und kompensieren diesen Verlust durch Zusammenschlüsse in der Weltwirtschaft. „Wir brauchen heute eine Volkswirtschaftslehre, die aus der unmittelbaren Gegenwart heraus redet, und die auch einsieht, daß alle diejenigen volkswirtschaftlichen Kategorien, die man etwa vor einem Jahrhundert gebildet hat, heute nicht mehr gelten können." (Steiner 1922/S.162)

Wenn die Weltwirtschaft da ist, mit wem soll man dann tauschen, wo kommen dann die Vorteile her? „Dasjenige, was die einzelnen Wirtschaften verlieren an inneren Werten, das wird jedenfalls reichlich wettgemacht, gewöhnlich ist ein Überschuss da, durch den Zusammenschluß der Privatwirtschaft in Volkswirtschaften. – Dasjenige, was die Volkswirtschaften an inneren Werten verlieren, das wird reichlich wettgemacht durch den Weltverkehr und den Übergang zur Weltwirtschaft." (Steiner 1922/S.161)

In Versailles wurde volkswirtschaftlich gedacht, nicht weltwirtschaftlich. Nun haben wir eine geschlossene Weltwirtschaft und müssen daraus die Fragen von Wert und Preis, Kauf und Verkauf genau betrachten. Geld nützt sich nicht ab. Es müsste sich aber abnützen. Wenn das nicht geschieht, hat das Geld einen Vorteil. „Das heißt, wenn wir nicht abnutzbares Geld im volkswirtschaftlichen Körper drinnen haben, dann verschaffen wir unter Umständen dem Geld einen Vorteil gegenüber den abnützbaren Gütern. Das ist außerordentlich wichtig. Und es wird erst ganz wichtig, wenn man folgendes bedenkt: Wenn man bedenkt, was ich anwenden muß, wenn ich, sagen wir, nach fünfzehn Jahren durch meine ganze Betätigung so weit gekommen sein soll, daß ich dadurch, daß ich heute eine Menge Kartoffeln habe, die es dann geben wird; und wenn man nun bedenkt, wie wenig jemand als einzelne Persönlichkeit zu tun braucht, wenn er heute in Geld fünfhundert Franken hat, um das Doppelte zu haben in fünfzehn Jahren!" (Steiner 1922/S.164f)

Die Kartoffel ist in kurzer Zeit faul, das Geld wird aber mehr. Deswegen muss das Geld auch entwertet werden. Physiokraten gehen von der Fruchtbarkeit von Grund und Boden aus. Einwand: Die Geistesarbeiter können Grund und Boden verbessern. Diese Einsicht war den Physiokraten fremd.

Wie reagiert man, wenn auf der Seite A ein größerer Verbrauch entsteht, als B erzeugen kann? Dann müßte ein freies Geistesleben die Bodenqualität durch adäquate Ideen verbessern. „Sie können also nicht in einer beliebigen Art innerhalb eines Wirtschaftsgebietes zum Beispiel die Geistesarbeiter vermehren, ohne daß Sie dasjenige, was auf der anderen Seite liegt, diejenigen, die im wesentlichen die Produktion der Ernährung besorgen, auch vermehren." (Steiner 1922/S.167)

Das Kapital darf sich nicht in Grund und Boden stauen, sondern muss in Schenkungen überführt werden. „Es müßte daran gedacht werden, wenn zwangsmäßig ein geschlossenes Wirtschaftsgebiet da ist, wie es die Weltwirtschaft ist, daß gar nichts anderes geschehen könnte im volkswirtschaftlichen Sinn, als alles dasjenige, was sonst sich staut in Grund und Boden, in den geistigen Institutionen verschwindet. Es müßte in den geistigen Institutionen verschwinden, es müßte wirken gleich einer Schenkung." (Steiner 1922/S.169) Steiner hat nicht nur weltwirtschaftlich gedacht, sondern die Welt mit dem polaren Begriff des sozialen Organismus beschrieben. Einerseits ist die Weltwirtschaft ein soziales Problem und andererseits ein natürliches Problem. Er hat die Welt als Einheit verstanden.

Zwölfter Vortrag: Alterung des Geldes

Die Preisfrage erhält in der Weltwirtschaft nach Steiner eine neue Bedeutung, zudem muss gefragt werden, was hinter den Preisen liegt. Man muss die Preisfrage in Zusammenhang mit der sozialen Lage sehen. Dabei spielen die Löhne und das Geld eine Rolle. Das Subjekt kommt in der Volkswirtschaft nur in Betracht, als es richtig in objektive Vorgänge begründet ist, als es auf einer richtigen Beurteilung der objektiven Vorgänge beruht.

Die sozialen Unruhen hängen mit der Preisbildung zusammen. Es stellt sich nun die Frage: Wie wirkt das Geld auf die Preisbildung? Was ist das Wesen des Geldes? Geld erhält Wert nur durch die Zirkulation. Deshalb stellt sich die Frage, wie sich Geld im Verlaufe der Zirkulation verhält. Die Frage kann nicht pauschal beantwortet werden, sondern unterschiedlich für Kaufgeld, Leihgeld oder Schenkungsgeld.

Wenn das Geld den Austausch vermittelt, handelt es sich um Kaufgeld. Erbsen können Geld sein: siehe Römer. Geld wird zu nichts anderem gebraucht als zur Vermittlung. Das ist das Wesentliche, dass man es nur gebraucht zum Vermitteln, zum Tausch, aber nicht zum Aufessen. Geld hat einen Zahlenwert und behält diesen Zahlenwert scheinbar. Wenn ich heute ein Pfund Fleisch für eine bestimmte Summe kaufen muss und in vierzehn Tagen dasselbe Pfund Fleisch für eine andere Summe kaufen muss, so liegt es nicht am Pfund Fleisch, dass ich z.B. das nächste Mal mehr Geld ausgeben muss, sondern es liegt am Geld.

Leihgeld ist komplett anders als Kaufgeld. Durch das Leihgeld greift der menschliche Geist ein, dadurch erhält das Leihgeld seinen eigentlichen Wert. Man müsste auf das Geld schreiben, ob der Mann ein Idiot oder Genie ist. „Es wäre viel wichtiger, auf die Banknote, die geliehen wird, dem Mann, der etwas unternimmt, in dem Moment, wo er diese Banknote in Gebrauch überführt, darauf zu schreiben, ob der Mann ein Genie ist in wirtschaftlichen Dingen, oder ob er ein Idiot ist, denn von der Art und Weise, wie er sich damit verhält, hängt nun der Wert dieses Leihgeldes in der volkswirtschaftlichen Situation ab." (Steiner 1922/S.176)

Alles Leihgeld geht in Schenkungsgeld über. „Da werden wir nämlich finden, daß nach einer bestimmten Zeit alles dasjenige, was Leihgeld ist, in Schenkungsgeld übergeht. Anders kann es auch nicht sein bei einem geschlossenen Wirtschaftsgebiet, das die Weltwirtschaft ist." (Steiner 1922/S.177)

Leihgeld darf sich nicht stauen im Kaufgeld. Das Schenkungsgeld verliert seinen Wert, es wird entwertet. Je mehr Schenkungsgeld, desto mehr Lohn kann gezahlt werden. „Je mehr man darauf angewiesen ist, seine Arbeiter aus dem reinen Kaufgeld zu bezahlen, desto weniger kann man ihnen geben, das heißt desto billiger müssen sie einem ihre Produkte geben; je mehr man in der Lage ist, aus schon verwandeltem Geld, aus einem Geld, das bereits in die Sphäre des Leihgeldes oder Schenkungsgeldes übergegangen ist, zu bezahlen, desto mehr Lohn kann man ihm geben, desto teurer können sie ihre Erzeugnisse auf den Markt bringen." (Steiner 1922/S.189)

Es gibt nach Steiner eine Alterung des Geldes: Was passiert, wenn wir das Geld altern lassen? Das geschieht in der Wirklichkeit. Das junge Geld bekommt einen besonderen volkswirtschaftlichen Wert bei langfristigen Unternehmungen. Bei kurzfristigen Unternehmungen nehme ich altes Geld. Für Schenkungen nimmt man altes Geld. „Es handelt sich heute wirklich darum, das Wesen des Geldes vor allen Dingen richtig zu erfassen. Dieses Wesen des Geldes, das erfaßt man einfach aus dem Grunde nicht, weil man das Geld eigentlich immer als etwas vor sich hat, das man gar nicht ansieht, was es eigentlich ist; denn es gibt nicht Geld als solches, sondern nur diese drei Sorten von Geld im sozialen Organismus, und noch dazu wird jede Sorte das, was es da ist, erst im Moment, wo es

eben eintritt in den volkswirtschaftlichen Prozeß oder von einer Art des volkswirtschaftlichen Prozesses in eine andere übertritt." (Steiner 1922/S.183f) Geld
wird hier entmystifiziert und einfach als Weltbuchhaltung interpretiert.

Dreizehnter Vortrag: Bewertung der geistigen Arbeit

Steiner verdeutlicht immer wieder, dass die Preisbildung sehr situativ zu betrachten ist. Die herkömmliche Volkswirtschaftslehre will dagegen durchschnitt-
liche Preise aus Angebot und Nachfrage erklären und mathematisch oder statistisch überprüfen. So rät der Bankberater zum Kauf von gewinnbringenden Ak-
tien. Steiner führt ein weltfremdes Gegenbeispiel an. Den Kauf von Autogram-
men eines unbekannten Dichters, die in späteren Jahren die höchsten Renditen
abwerfen, da dieser weltberühmt wurde.

Die Bearbeitung von Grund und Boden ist nach Steiner die Voraussetzung des
Wirtschaftens. Die Geistesarbeiter leben von den Handarbeitern. Wie bewerten
wir die Geistesarbeit? Das ist eine Fundamentalfrage. Antwort Steiner: Wieviel
körperliche Arbeit ersparen die Geistesarbeiter, das ist der Wert der geistigen
Arbeit. Es entsteht der Begriff der ersparten Arbeit. Das haben nach Steiner die
Marxisten nicht verstanden. „Der eine gibt körperliche Arbeit hin, der andere
erspart sie, und er bewertet seine geistigen Leistungen danach, wieviel er mit
dieser Geistesarbeit körperliche Arbeit erspart." (Steiner 1922/S.190) Die Marxisten haben dagegen nach Steiner den Wertbildungsprozess nur von der körperlichen Seite aus betrachtet und die geistige Arbeit vernachlässigt.

Geistige Leistungen verweisen auf ersparte Arbeit. „Da, wo es sich um geistige
Leistungen handelt, bekommen wir überall, wenn wir den Wertbegriff finden
wollen, den anderen Begriff, den Begriff der ersparten Arbeit, der Arbeit, die
man erspart." (Steiner 1922/S.190)

W= Natur x Arbeit

W= Geist – Arbeit

Wir können die Dinge, die in der Wirklichkeit spielen, quantitativ nicht reinlich erfassen, sondern wir müssen sie im Geschehen erfassen. Es geht um den mittleren Zustand. Da, wo Positives und Negatives ineinanderwirken, da muss ein mittlerer Zustand herauskommen. Es sind also tätig die körperlichen Arbeiter mit positiv geleisteter Arbeit und die geistige Arbeit der Arbeit erspart. Dadurch wird erst die endgültige Bewertung hervorgehoben

Die zunehmende Kultur vermindert den Einfluss der körperlichen Arbeit. Wenn zu viele geistige Arbeiter vorhanden sind, kommt etwas Negatives heraus. Primitive Wirtschaft und hochwertige Wirtschaft gibt es gleichzeitig. Diese Gleichzeitigkeit sieht Oswald Spengler nicht. „Er weist in außerordentlich gutem Sinne hin darauf, wie in der antiken Wirtschaft noch überwiegend war jenes Wirtschaften, das aus dem Boden heraus kommt, und wie heute überwiegend ist das Wirtschaften, das in einem Denken in Geld besteht, das also eigentlich geistige Arbeit ist; aber er sieht nicht, daß das, was er geschichtlich feststellt, zwei Stadien des Wirtschaftens sind, die auch heute noch nebeneinander stehen, so wie heute im Fortgeschrittensten das Primitive drinnen ist." (Steiner 1922/S.197f)

Körperliche und geistige Arbeit müssen in einem richtigen Verhältnis stehen. „Nun treten ja auch da wiederum recht komplizierte Verhältnisse auf; denn es kann sich durchaus herausstellen, daß irgendwo zu viele geistig Produzierende sind, das heißt, daß eben eine zu starke arbeitssparende Kraft entgegenwirkt. Dann bekommen wir einen negativen Wert heraus, dann können die Leute alle zusammen nicht leben, wenn sie sich nicht gegenseitig aufzehren." (Steiner 1922/S.196)

Es ist notwendig, den gesamten Prozess zu betrachten und nicht nur Teilbereiche. „Hier liegt nämlich ein Punkt, der von einer ganz großen Wichtigkeit ist für denjenigen, der heute irgendwie etwas beitragen will zu einer Weiterführung der Volkswirtschaftslehre; denn es ist schon tatsächlich so, daß dieses Problem, das allem Nachdenken über Preis und Wert zugrunde liegen muß, kaum heute irgendwie richtig gesehen wird." (Steiner 1922/S.197)

Es ist schon eigenartig, dass in volkswirtschaftlichen Vorträgen die geistige Arbeit einen solchen Stellenwert hat. Die herkömmliche Wissenschaft begründet die Dynamik aus dem Ehrgeiz und aus dem Wettbewerb. Steiner betont dagegen die geistige Arbeit als sprudelnde Quelle für die Wirtschaft.

Vierzehnter Vortrag: Gestaltung der Weltwirtschaft

Steiner gibt in den 14 Vorträgen wichtige Anregungen zu den Basisfragen der Ökonomie. Er geht nicht definitorisch oder statistisch vor, sondern er benützt Bilder und einfache Beispiele, um seine Position zu erläutern. Er streift die Dogmengeschichte nur am Rande. Er will sie aber nicht verwerfen und eine eigene Utopie begründen. „Und so wollte ich Ihnen denn hauptsächlich solche Begriffsbilder geben, welche Ihnen Anhaltspunkte bieten können, dasjenige, was ja auch in der Wirtschaftswissenschaft immerhin Brauchbares, in weitem Umfang Brauchbares da ist, das in der richtigen Weise zu gebrauchen." (Steiner 1922/S.199)

Der Zins war immer eine unbestimmte und umstrittene Kategorie. Ähnlich wie beim Geld, vertritt Steiner auch hier eine ganz nüchterne Position. „Und da Sie aus meinen ‚Kernpunkten der sozialen Frage' sehen, daß ich nicht der Überzeugung bin, daß der Zins als solcher wegfallen muß von dem Geld, das Wert hat, sondern bis zu einem gewissen Grade eben notwendig ist im wirtschaftlichen Leben, so werden Sie sich sagen: Ja, wie soll ich als Unternehmer von den Leuten, die mir Geld leihen sollen, Geld bekommen, wenn ich Ihnen nur für eine ungeheuer kurze Zeit Zinsen zahlen würde? Die Leute werden mir Geld geben so, daß der Modus bestehen kann, daß sie möglichst lange aus meinem Unternehmen heraus ihre Zinsen bekommen." (Steiner 1922/S.200)

Steiner will die Ideen des Liberalismus, der Romantischen und Historischen Schule zur Verbesserung der ökonomischen Situation fruchtbar machen. Er greift die üblichen Begriffe auf und deutet sie vollkommen neu. Es geht ihm um eine funktionierende Arbeitsteilung, um gerechte Preise und ein Geld, das seiner Mystifikation beraubt ist. „Wir haben also als Geldumsatz die Weltbuchhaltung. Und das wäre ja dasjenige, was ja im Grunde genommen jeder einsehen kann: das äußere Mittel für den Austausch. Denn sonst ist das Geld dennoch nichts anderes, wenn wir bis in die Tiefen der Volkswirtschaft hineinschauen, als das Mittel des gegenseitigen Austauschs der Leistungen. Denn die Menschen leben von Leistungen, und nicht von den Zeichen dieser Leistungen in Wirklichkeit." (Steiner 1922/S.203) Geld als ein rein rechnerisches Problem zu betrachten, kann man als Gegenthese zur marxistischen Geldauffassung betrachten. Für Marx ist Geld eine verhexte Ware. Der Geldschleier wird enttarnt, wenn man einsieht, dass er die Ausbeutungsverhältnisse verschleiern soll. Bei Steiner fällt der Geldfetisch, wenn man hinter die verschiedenen Preisformeln schaut.

Steiner knüpft an die freiheitlichen Ideen des Liberalismus an, reaktiviert den Organismus-Begriff der Romantik, adelt die Land- und Handarbeit und sieht in den geistigen Leistungen der Menschen die Inspirationsquelle für die Wirtschaft und das Leben insgesamt. Das freie Geistesleben meint mehr als der Liberalismus mit seiner Wirtschafts- und Meinungsfreiheit. Es ist das Plädoyer für eine neue wissenschaftliche Methode, die die Dinge auf allen Ebenen im wahren Sinn zutage fördert. Die Vorträge zur Nationalökonomie sollen ein Beleg sein für eine neue Geisteswissenschaft, die sich um die elementaren Dinge des Lebens wie Arbeit, Wert, Lohn, Zins und Eigentum kümmert. „Und wir kommen aus dieser dreifachen Unwahrheit, aus Phrase, Konvention und Routine nicht heraus, wenn wir nicht den Willen entwickeln, unterzutauchen in die Dinge, hinzuschauen, wie sie sich in ihrer Wirklichkeit gestalten." (Steiner 1922/S.214) Es gilt nicht nur weltwirtschaftlich zu denken, sondern auch richtig zu denken.

Schlussbemerkungen

Im Jahre 1922 versucht Rudolf Steiner, in 14 Vorträgen zur Nationalökonomie eine eigenständige, neue Position zu den Grundbegriffen und -fragen der Ökonomie in einem fundamentalistischen Sinne zu leisten. Er geht nicht, wie üblich in der Fachwissenschaft, definitorisch, mathematisch oder statistisch vor. Er benützt aber die damals üblichen ökonomischen Begriffe und interpretiert diese in einem geisteswissenschaftlichen Kontext. Die Begriffe werden mittels Bildern vermittelt. Sie werden im jeweiligen Zusammenhang benutzt. So gibt es nicht das Kapital, sondern Handelskapital, Leihkapital oder Industriekapital. Auch muss zwischen körperlicher und geistiger Arbeit unterschieden werden, da sie unterschiedlich im volkswirtschaftlichen Prozess drinstehen. Eigentum an Grund und Boden muss volkswirtschaftlich anders betrachtet werden als Eigentum an den Produktionsmitteln. Die Landwirtschaft darf nicht der industriellen Logik unterworfen werden, da sie mit der lebendigen Natur verbunden ist und die Industrie mit der toten Maschine. Von großer Bedeutung ist für Steiner die Tatsache, dass wir durch den Kapitalismus weltwirtschaftlich denken müssen.

Steiner grenzt sich von der marxistischen Arbeitswertlehre ab. Sie vernachlässige die eigenständigen, geistigen Potenzen des Menschen in der Wirtschaft und betrachte den Markt affirmativerweise als einen Mechanismus. Es kommt nach Steiner hingegen darauf an, wie sich die Arbeit in den volkswirtschaftlichen

Prozess hineinstellt. Im Gegensatz zu Marx sieht er den Geist als wertbildend. Wertbildung: Wenn wir diese Arbeit durch den Geist, die Intelligenz dirigieren. Da, wo die Arbeit im Hintergrund steht und der Geist vorne die Arbeit dirigiert, da scheint uns die Arbeit durch den Geist durch und erzeugt wiederum volkswirtschaftlichen Wert.

Nach Steiner darf man die soziale Frage nicht isoliert betrachten. Sie ist eine geistige Herausforderung und es stellen sich immer wieder auch Rechtsfragen oder politische Fragen. Die Eingliederung der Arbeit ist nur möglich durch die Entstehung des Rechts. Solange das religiöse Leben dominiert, schadet der Egoismus nicht. Wenn Recht und Arbeit sich heraussondern, entwickelt sich auch der Egoismus und es gibt die Forderung nach Gleichheit und Demokratie. Mit dem Egoismus kommt auch die Arbeitsteilung zur Erscheinung. Arbeitsteilung heißt, dass niemand, der Ware erzeugt, diese auch verwendet. Der Liberalismus (Adam Smith) war nach Steiner nicht in der Lage, das Verhältnis von Egoismus und Arbeitsteilung angemessen zu bestimmen. Der Marxismus hatte dadurch ein Einfallstor für seine emotionale Polemik.

Steiner hat den Begriff der Assoziationen zentral für die Ökonomie eingeführt. Sie sollen die Vernunft in den ökonomischen Prozess hineintragen. Der Liberalismus sieht im Marktprozess einen objektiven und anonymen Beurteilungsmechanismus für die Preise. Der Einzelne kann sie nicht manipulieren. Die Assoziationen von Steiner sind das Gegenteil von anonymem Marktprozess oder zerstörerischem Wertgesetz. Die Mitglieder der Wirtschaft selber sollen in jeden Tauschakt Vernunft und Gerechtigkeit hineinbringen. Insofern ist die Assoziation auch eine Erziehungsinstanz. Die Beteiligten müssen ihre Egoismen und Eitelkeiten unterdrücken und sich bemühen, fachliche ökonomische Urteile zu fällen.

Ausgangsfrage ist für Steiner: Was ist der richtige (gerechte) Preis? Liberalismus und Marxismus kennen diese Gerechtigkeitsfrage aus dem Mittelalter nicht mehr. Er soll nach Steiner so hoch sein, dass die Arbeiter für sich und ihre Angehörigen ein neues Produkt in Zukunft erstellen können. Diese Formel ist für Steiner erschöpfend, da sie alle Informationen in sich trägt. Aber wie man diese Formel realisiert, das ist die Aufgabe der Beteiligten. Die Bezahlung der Arbeit für die Zukunft ist ganz wesentlich in dieser Formel enthalten. Wirtschaften besteht darin, dass man die künftigen Prozesse mit dem, was vergangen ist, ins Werk setzt. Natur-Arbeit-Kapital oder Natur-Arbeit-Geist. Sowohl der Liberalismus als auch der Marxismus brauchen diese Zukunftsperspektive nicht. Der Liberalismus kennt hier nur die Gegenwart, den aktuellen Preis. Der Marxismus sieht im Kapitalismus sowieso keine Zukunft. Die romantische Volkswirtschaftslehre (Adam Müller) und die Historische Schule (Friedrich List, Gustav Schmoller) denken zwar rückwärtsgewandt, haben aber in einigen Punkten die Zukunft durchaus im Blick.

Die herkömmliche Ökonomie kennt nur eine Preisformel. Angebot und Nachfrage bestimmen den Preis. Steiner plädiert auch hier für eine differenzierte Betrachtungsweise und weist drei Gleichungen nach. Nach Smith regelt sich der Preis von selbst durch Angebot und Nachfrage. In der Wirklichkeit hat man nach Steiner nichts in der Hand mit diesen Begriffen. Dagegen braucht man bewegliche Begriffe. Angebot an Ware ist Nachfrage nach Geld. Angebot in Geld ist Nachfrage nach Waren.

Es gibt drei Preisformeln, aber auch drei Geldbegriffe: Kaufgeld, Leihgeld und Schenkungsgeld. Es stellt sich die Frage: Welches Geld ist am produktivsten? Für Steiner ist klar, dass das Schenkungsgeld am produktivsten ist, da der menschliche Geist ständig Erfindungen und neue Verfahren kreiert.

Die Bearbeitung von Grund und Boden ist nach Steiner die Voraussetzung des Wirtschaftens. Die Geistesarbeiter leben von den Handarbeitern. Wie bewerten wir die Geistesarbeit? Das ist eine Fundamentalfrage. Antwort: Der Wert der geistigen Arbeit ist so groß, wie sie körperliche Arbeit erspart. Das haben nach Steiner die Marxisten nicht verstanden.

Steiner streift die Dogmengeschichte nur am Rande. Er will sie aber nicht verwerfen und eine eigene Utopie begründen. Das heißt: Die Ideen des Liberalismus, der Romantischen und Historischen Schule sollen zur Verbesserung der ökonomischen Situation fruchtbar gemacht werden. Es geht um eine funktionierende Arbeitsteilung, um gerechte Preise und ein Geld, das seiner Mystifikation beraubt ist. Geld als ein rein rechnerisches Problem zu betrachten, kann man als Gegenthese zur marxistischen Geldauffassung ansehen. Für Marx ist Geld eine verhexte Ware. Der Geldschleier wird enttarnt, wenn man einsieht, dass er die Ausbeutungsverhältnisse verschleiern soll. Bei Steiner fällt der Geldfetisch, wenn man hinter die verschiedenen Preisformeln schaut.

Die liberale Ökonomie stellt den Egoismus des Einzelnen und die vollkommenen Märkte in den Mittelpunkt. Die Romantische Schule baut auf einem ganzheitlichen, göttlichen Menschen- und Weltbild auf. Für Friedrich List sind eine nationale Ökonomie und die Lehre von den produktiven Kräften der Dreh- und Angelpunkt seiner Überlegungen. Der Marxismus hat dagegen seine scharfsinnige Arbeits- und Ausbeutungslehre gesetzt. Die Historische Schule hat, darauf aufbauend, mit staatlichen Sozialreformen geantwortet, die im 20. Jahrhundert durch Keynes zum Wohlfahrtsstaat geführt haben. Rudolf Steiner hat überraschenderweise einen Großteil seiner Analyse im ‚Nationalökonomischen Kurs‘ auf die Preisfrage verwendet: Die bewusste Gestaltung von gerechten Preisen in der Weltwirtschaft war im Jahre 1922 sein Lösungsvorschlag. Dabei geht Steiner vom Begriff des sozialen Organismus aus. Dieser ‚romantische‘ Begriff ist polar gedacht. Einerseits betont er das Soziale (Gesellschaftliche) und andererseits das Natürliche und Übernatürliche. Es ist ein Spannungsbogen. Es besteht die Aufgabe, diesen Spannungsbogen am Leben zu erhalten und zur Blüte zu bringen.

Literatur

List, Friedrich: Das nationale System der Politischen Ökonomie, Gesammelte Werke, Hrsg. Artur Sommer, Bd. VI, Berlin 1930

Schmoller, Gustav: Grundriß der Allgemeinen Volkswirtschaftslehre, Erster Teil, Leipzig 1920

Steiner, Rudolf: Nationalökonomischer Kurs. Vierzehn Vorträge für Studenten der Nationalökonomie 1922, Dornach 1965

Woll, Helmut: Menschenbilder in der Ökonomie, München 1994

7. Herkunft

Pünktlich zu seinem 70. Geburtstag hat Botho Strauß ein kleines Büchlein mit dem Titel ‚Herkunft' veröffentlicht. Es trägt zuweilen autobiografische Züge, eingebunden in tiefgründige Reflektionen über die Erinnerung.

Die Familie Strauß verlässt Anfang der 1950er-Jahre Naumburg an der Saale und wohnt dann in Bad Ems. Der einzige Sohn – Botho – sollte nicht kommunistisch erzogen werden. Der Vater war ein Kriegsversehrter des ersten Weltkrieges, die Mutter Hausfrau. Beruflich arbeitete Vater Eduard zu Hause, er war Apotheker und Chemiker und verfasste Gutachten für die pharmazeutische Industrie. Ein Schuss hatte ihm das linke Auge zertrümmert. „Den meinen meiner Generation geschah nur ein lautloses Schicksal, Ausbleiben oder Aufschub des nebelbrechenden Schreis. Dieser aber zerriß die Lothringer Winternacht im Jahre 1916, als das Geschoß dem jungen fünfundzwanzigjährigen Mann aus dem Saarland das Loch in die Stirn bohrte, im Knochen steckenblieb und ein Blutschwall das heruntergedrückte linke Auge überströmte." (S.28)

Eduard war kaisertreu und deutschnational gesinnt. Er pflegte gutbürgerliche Manieren, war in Kleidung und Auftreten ein Ästhet und lebte eher zurückgezogen. Er entwickelte sich zunehmend als Misanthrop.

Vordergründig geht es Botho Strauß um ein Einfühlen in seine familiäre und schulische Sozialisation. Es ist keine private oder politische Abrechnung, sondern der Versuch eines tiefen Verstehens der Personen und des Zeitgeistes. Das Verhältnis zum Vater ist ambivalent. Einerseits unternimmt man Fahrten an Mosel und Saar und andererseits herrscht tiefes Unverständnis zwischen den Generationen. „Etwa 1960 standen wir vor seinem Geburtshaus in Merzig an der Saar. Wenig andächtig sah ich den roten Backsteinbau mit dem dunklen Gartenhang im Hintergrund. Aber *sein* Herz es mir zu zeigen, schlägt mir jetzt! Er sah das Haus, wo er vor gut siebzig Jahren geboren worden war: Es stand noch unverbaut an gleicher Stelle, sah noch genauso aus, war nicht erweitert, nicht verschandelt, keinem Neubau, keiner falschen Begrünung hatte es weichen müssen... Aber welch ein Unverständnis seinerseits: daß ein Halbwüchsiger, der keine Erinnerung besitzt, keinen Sinn für sie, sich in die eines alten Mannes einfühlen sollte!" (S.37)

Strauß erzählt seine Zeit als Gymnasiast in dem berühmten Kurbad. Er liest viel Trivialliteratur und wird über seine Lehrer an Theater und Hochkultur herangeführt. „Mit Dankbarkeit denke ich an einen Lehrer namens Telkrath, dessen ästhetische Erziehung ich genoß und der mich vom ‚Bravo-Leser' zum ‚Tristan'-Schwärmer veredelte." (S.57) Man erfährt einiges über seine Freundschaften und Vorlieben.

Eingebettet sind die biografischen Detailangaben in eine literarische und philosophische Reflektion über das Wesen der Erinnerung in Raum und Zeit, aber auch jenseits von Raum und Zeit. „Die Erweiterung eines Horizonts besteht nicht selten darin, daß sich einem das Gewesene öffnet. Nur auf dem Feld der Erinnerung kann man noch expandieren, reicher werden, zunehmen. Man erinnert sich einer Zeit, da man den Schutz der Zukunft genoß: die Dinge wie man ihnen auch begegnete sich standen bevor. Es gab keine selige Kindheit. (S.22/23) „Wer seine Erinnerung erzählt, befindet sich nicht mehr im Zustand der Erinnerung. Akute Erinnerung kennt kein ‚Weißt du noch?', sondern nur Damals-Unmittelbarkeit, Damals-Überwältigung." (S.62)

Das Büchlein gliedert sich jeweils in kleine, gut lesbare Abschnitte, die assoziativ miteinander verbunden sind. Es ist reich an geistigen Anregungen und klar geschrieben. Ein Lesegenuss.

Strauß sieht seine Herkunft am ‚weißen Rand der Religionen'. So rückt er auch das Alte Testament in den Fokus. Pünktlich zu seinem 75. Geburtstag hat er 2019 ein neues Theaterstück vorgelegt. ‚Saul' thematisiert die Geschichte des ersten israelischen Königs. Sie ist nicht so bekannt wie die Erzählungen über König David und Salomon. Strauß hält sich an die Darstellungen zu Saul im ersten Buch Samuel aus dem Alten Testament. Es ist der Übergang von der Theokratie zur Monarchie. Das Volk ist unzufrieden mit seiner Lage und auch mit Gott und fordert einen König. Gott gibt den Wünschen nach und erwählt Saul zum ersten König der Israeliten. Doch Saul erweist sich als ‚Gottes falsche Wahl', weil Saul wenig Charakter beweist und viele Fehlentscheidungen trifft. Hier wird ein weites Feld eröffnet: Theokratie, Monarchie und Demokratie werden neu beleuchtet.

Literatur

Strauß, Botho: Herkunft, München 2014

Strauß, Botho: Saul, Hamburg 2019

Strauß, Botho: Zu oft umsonst gelächelt, München 2019

8. Der Aufstand gegen die sekundäre Welt

Botho Strauß, Jahrgang 1944, ist einer der brillantesten Intellektuellen und Schriftsteller dieses Landes. Mit seinen Theaterkritiken, politischen und philosophischen Essays, Theaterstücken und seinen Metaphern über Sinn und Zweck der Evolution hat er Maßstäbe gesetzt. Seine Äußerungen zur Religion sind dagegen spärlich und in seinen emphatischen Kunstbetrachtungen nur am Rande erwähnt. Sie sind wenig beachtet. Doch seine Miniaturen enthalten eine erstaunliche Substanz.

Man kann den „Aufstand gegen die sekundäre Welt. Anmerkungen zu einer Ästhetik der Anwesenheit" (Die Zeit 1990) als Schlüsseltext ansehen, um sein Ringen um eine religiöse Welt zu verstehen. Soziale Demokratien brauchen angeblich keinen Heilshorizont mehr. Aber sie vergessen dabei, dass sie ohne geistige Traditionen undenkbar wären. Strauß stellt die Frage: „Was würde geschehen, wenn wir unsere Schulden gegenüber der Theologie und der Metaphysik… bezahlen müßten?" (Strauß 1990, zitiert nach George Steiner)

Strauß beruft sich auf den englischen Malerdichter David Jones und den russischen Naturwissenschaftler, Philosophen und Priester Pavel Florenskij, des Öfteren auch auf René Girard (‚Das Heilige und die Gewalt‘). Für Jones ist der Mensch ein sakramentales Wesen, ein Zeichensetzer in allen seinen Werken. Für Florenskij ist die Ikone mit der Gottesmutter ein Fenster, durch das wir sie selbst erblicken. Jones und Florenskij sind in dieser Interpretation Bekenner und praktizierende Gläubige der Realpräsenz höherer Mächte und Gewalten. „Die Ikone ist der Ort, wo das Antlitz, das Urlicht hervortritt, es bildet die Grenze zwischen sichtbarer und unsichtbarer Welt." (Strauß 1990) Es geht um die Frage: Was ist reale Gegenwart? Meist verstehen wir darunter die Realpolitik, das Zeitgeschehen, die technisch-ökonomischen Verhältnisse. Doch Strauß verweist auf eine verlorene Realität. „Pascal wunderte sich, daß jemand nachts schlafen könne, wenn ihm einfiele, daß Christus für ihn am Kreuz gestorben sei. Für Kierkegaard war Christus so gegenwärtig, daß die 2000 Jahre seit seinem Tod wie ungültig daneben schienen. In der hebräischen Tradition führt der rituelle Nachvollzug eines einmaligen historischen Geschehens (‚die Wachenacht‘) den Gläubigen in die Zeitraumvergessenheit: In jedem Zeitalter ist jeder verpflichtet, sich so anzusehen, als sei er selbst aus Ägypten ausgezogen." (Strauß 1990) Es geht um die Wiederbegegnung mit dem Primären. Strauß ordnet seine Dichtkunst, wie jede große Kunst, als Samstagskunst ein. „Die Lage der Kunst ist seit jeher eine unschlüssige: es ist die Samstagslage... zwischen dem Freitag mit Kreuzestod und grausamen Schmerzen und dem Sonntag der Auferstehung und der reinen Hoffnung. Weder am Tag des Grauens noch am Tag der Freude wird große Kunst geschaffen. Wohl aber am Samstag, wenn das Warten sich teilt in Erinnerung und Erwartung." (Strauß 1990)

Strauß lebt als schreibender Eremit wechselseitig in Berlin und in der Uckermark. Er beklagt das Fehlen des Schönen und Heiligen in der technischen ökonomischen Gegenwart. Er lebt am Rande der Gesellschaft und beobachtet von dort den Zeitgeist. Er fühlt sich auch am weißen Rand der Religionen. Von dort aus bedauert er, dass die Gesellschaft keine transzendente Gestimmtheit mehr besitzt. Dass der Gedankenreichtum, der über Jahrhunderte hinweg in der Theologie versammelt ist, heute so gut wie nie in die intellektuelle Auseinandersetzung geholt wird. Strauß sieht sich dagegen als Schriftfortsetzer. Als Autor, der an religiöse und philosophische Schriften anknüpft und sie in die aktuelle Geistesströmung transformiert. Der Rückgriff auf diese Traditionen wird oft missverstanden und deswegen so heftig kritisiert.

Die moderne Medienwelt verstärkt in einem ungeheuren Maße eine Konsum- und Wegwerfhaltung ohne jedes höhere Empfinden. Strauß polemisiert gegen eine Gesellschaft ohne höhere Verantwortung. „Es ist lachhaft, ohne Gott zu leben. Daher sind wir voreinander die lachhaftesten Kreaturen geworden, und unser höchstes Wissen hat nicht verhindert, daß wir uns selbst für den Auswurf eines schallenden Gottesgelächters halten." (Strauß 1984, S.177)

Da das transzendente Wissen immer mehr verloren geht, sieht die Gesellschaft in anderen Kulturen und Religionen keine Herausforderung mehr, das eigene Handeln zu bereichern. „Wir drängen den neben uns wohnenden Muslimen unentwegt unsere Freiheiten auf, denken aber nicht daran, auch nur das Geringste von ihrer sittlichen Freiheitsbeschränkung nachahmenswert zu finden oder auf uns abfärben zu lassen. Das Abfärben soll nur einseitig geschehen. Dabei täte etwas mehr Familie, etwas väterliche Stärke einem Erziehungsverhalten gut, dessen Schwächen allenthalben von staatlich geförderten Hilfen kostspielig kompensiert werden. Autorität zu bezweifeln, gehört jedoch zu den Pflichten, die der demokratischen Übereinkunft selbstverständlich erscheinen und die ihr leichtfallen. Im Zuge des Bevölkerungswandels werden sich möglicherweise andere Prioritäten herausbilden, als sie heute gültig sind." (Strauß 2013/S.46) Er plädiert für Toleranz und für den Schutz der Sakralsphäre. Es gilt, das eigene Beste aufzubieten und neu zu bestimmen. „Mit der westlichen Einfühlung in einen unüberwindbaren Antagonismus sakral/säkular ist die herrschende Beliebigkeit, sind Synkretismus und Gleich-Gültigkeit in eine Krise geraten. Vielleicht kann man sogar sagen: Wir haben Sie hinter uns. Es war eine schwache Zeit!" (Strauß 2006)

Es geht dem Autor um eine Samstagskunst, die das Wahre, Schöne und Gute in den Mittelpunkt stellt. Die höhere Welt soll wieder stärker in der Gegenwart sichtbar werden. Das Heilige soll wieder für jeden präsent sein. „Begierig, das Gemacht-wie jeder Unbegreiflichkeit in Erfahrung zu bringen, kam er doch in einem schnell zum Schluß: Gott ist Gott. Und kein Gedanke. Die endlosen metaphorischen Versuche, das Numinose einzuberaumen in unsere Sprache grenzen ans Lächerliche oder Asebie. ER gehört nicht in einen paradoxen Gedanken hinein. ER wäre dort ein Wörtchen bloß. Ein Scharnier zwischen Gescheitheit und Geist. Ein open-end Effekt der Immanenz. Und dies sind die geheimen Blasphemien selbst der ehrwürdigsten Kirchenväter!" (Strauß 1992/S.45-46)

Begriffe wie Blasphemie, Ketzerei und Asebie (Gottesfrevel) sind in der modernen, geistlosen Welt neu zu bestimmen. „Der Ketzer, der gefeierte, ist nach wie vor jemand, der die ungeheure Tapferkeit besitzt, die Jungfrauengeburt zu leugnen. Verglichen damit ist Kardinal Ratzinger der Nietzsche des ausgehenden 20. Jahrhunderts." (Botho Strauß) Die moderne Welt ist eine historische Welt, doch die höhere Welt ist immer da, ohne Anfang und Ende. Man kann den ästhetischen Gottesbeweis von Strauß einfach benennen: „Es gibt Gott, weil es die Ikonen von Rublev gibt."

Literatur

Greiner, Ulrich: Am Rand. Wo sonst. Interview mit Botho Strauß, in: Die Zeit v. 6.2.2003

Schwilk, Heimo/Schacht, Ulrich (Hrsg.): Die selbstbewusste Nation. ‚Anschwellender Bocksgesang' und weitere Beiträge zu einer deutschen Debatte, 2. Aufl., Ffm/Berlin 1994

Strauß, Botho: Paare Passanten, München/Wien 1984, S.177

Strauß, Botho: Der Aufstand gegen die sekundäre Welt. Anmerkungen zu einer Ästhetik der Anwesenheit, in: Die Zeit v. 22.6.1990

Strauß, Botho: Beginnlosigkeit, München 1992

Strauß, Botho: Anschwellender Bocksgesang, in: Der Spiegel 6/1993

Strauß, Botho: Der Konflikt, in: Der Spiegel 7/2006

Strauß, Botho: Lichter des Toren, München 2013

Strauß, Botho: Allein mit Allen. Gedankenbuch. Hrsg. Sebastian Kleinschmidt, München/Wien 2014

Steiner, George: Von realer Gegenwart. Nachwort von Botho Strauß, München/Wien 1990

9. Anschwellender Bocksgesang: Neu befragt

Botho Strauß hat in seinem provokativen Essay vor über 25 Jahren (1993) eine Kulturdebatte ausgelöst. Statt den Text eingehend zu studieren und zu interpretieren, hat man das klassische Links-Rechts-Attacken-Schema bedient, sodass die emotionsgeladene Debatte nach zehn Jahren pflichtgemäß im Sande verlief. Die aufgewirbelten Probleme blieben, sie wanderten von der Feuilleton- zur Politikseite der Zeitungen. Nun ist es fast unmöglich, die heterogenen Bild- und Gedankenvisionen des ‚Anschwellenden Bocksgesanges‘ nachzuzeichnen.

Botho Strauß beklagt in seinem Essay einen Substanzverlust bei den Individuen und in der Gesellschaft. Das Heilige, das Sakrale, das Unsagbare verlässt uns. Er hat das Gefühl, jemand hat den Stecker gezogen. Die Leichtigkeit der liberalen Welt droht zu kippen. Die Stränge drohen zu zerreißen, Kohäsionen lösen sich langsam auf. Die Massendemokratie stößt an ihre Grenzen. Es zerbrechen die Formen, die Zeit läuft aus. Es handelt sich um Verwerfungen größeren Ausmaßes, die von der Wohlstandsgesellschaft nicht mehr überbrückt werden können. Wir wissen nicht mehr, ob wir in der Demokratie oder im Demokratismus leben. Der Ökonomismus kommt an seine Grenzen und degeneriert zu einem reizbaren und nervösen System.

Unsere Selbstgefälligkeit versteht die fremden Kulturen nicht mehr. Es ziehen Konflikte herauf, die nicht mehr rein ökonomisch befriedigt werden können. Wir haben sittlich über unsere Verhältnisse gelebt. Unser modernes, egoistisches Heidentum bedarf einer Re-Christianisierung. Die Moralisierung in der öffentlichen Meinung hat die Verhöhnung des Eros, des Soldaten, der Kirche, der Tradition und Autorität bewirkt, sodass man sich nicht wundern muss, wenn mahnende Worte in der Not verpuffen. Die öffentliche Moral hat vor allem die Schlechtigkeit der herrschenden Verhältnisse betont und als Ausweg nur eine profane Eschatologie angeboten, die sturzartig am Zusammenbrechen ist. „Von der Gestalt der künftigen Tragödie wissen wir nichts. Wir hören nur den lauter werdenden Mysterienlärm, den Bocksgesang in der Tiefe unseres Handelns. Die Opfergesänge, die im Inneren des Angerichteten schellen. Die Tragödie gab ein Maß zum Erfahren des Unheils wie auch dazu, es ertragen zu lernen. Sie schloß die Möglichkeit aus, es zu leugnen, es zu politisieren oder gesellschaftlich zu entsorgen. Denn es ist Unheil wie eh und je, die es trifft, haben nur die Arten gewechselt, es wahrzunehmen, es anzunehmen, es zu nennen mit angetönten Namen." (Anschwellender Bocksgesang)

Der Liberale ist nicht mehr wirklich liberal, sondern nur ein Gegner des Antiliberalismus, der sich einem Selbsthass verdankt. Die Intellektuellen sind nicht freundlich zu den Fremden, sondern grimmig gegen das Unsrige. Die Freundlichkeit gegenüber dem Nächsten kostet nichts, doch wie belastbar ist diese? Der Zeitgeist steht links, doch links war lange Zeit ein Synonym für das Fehlgeleitete. Rechts sein aus innerer Überzeugung, heißt leben in einer tiefen kulturellen Erinnerung. Der Rechte ist ein kultureller Außenseiter. Die lang postulierte gesellschaftliche Jugendlichkeit ist Ausdruck von Negation und Vaterhass. Alle Missstände werden der Gesellschaft in die Schuhe geschoben. Es scheint kein Zurück mehr zu geben. Am Ende zitiert Strauß den französischen Anthropologen René Girard, der in seinem Buch ‚Das Heilige und die Gewalt' die Funktion des Ritualmordes für die Gemeinschaft beschreibt. „Der Fremde, der Vorüberziehende wird ergriffen und gesteinigt, wenn die Stadt in Aufruhr ist. Der Sündenbock als Opfer der Gründungsgewalt ist jedoch niemals lediglich ein Objekt des Hasses, sondern ebenso ein Geschöpf der Verehrung. Er sammelt den einmütigen Haß aller in sich auf, um die Gemeinschaft davon zu befreien." (René Girard)

Die ursprüngliche Fassung des Textes ‚Anschwellender Bocksgesang' wurde zuerst 1993 in „Der Pfahl. Jahrbuch aus dem Niemandsland zwischen Kunst und Wissenschaft VII" bei Mattthes & Seitz veröffentlicht. Betrachtet man den Text als ein sprachmächtiges Kunstwerk, war dies der adäquate Ort für die künstlerische und wissenschaftliche Öffentlichkeit. Der Nachdruck vom 8.2.1993 in „Der Spiegel", einem linksliberalen politischen Massenblatt, rückte den Text gewollt und ungewollt in einen politisch umkämpften Deutungsraum. Durch die Begriffe wie Elite, Wiederkehr der Götter oder Opfertod wurde die Leserschaft provoziert. Botho Strauß, der viel gepriesene linke Dramaturg der 1970er-Jahre der Berliner Schaubühne am Halleschen Ufer, konnte nur noch in die anrüchige rechte Ecke geschoben werden. Dies umso mehr, da für die politische Linke durch die Wiedervereinigung eine ideologische Welt zusammenbrach. Dadurch war es nicht möglich, den eigentlich philosophischen, esoterischen Kern des Textes zu erfassen. Die politische Rechte versuchte Botho Strauß in dem Sammelband „Die selbstbewusste Nation" für sich zu vereinnahmen und blies ebenfalls zur politischen Attacke.

Heute haben wir die Erfahrungen mit einer nicht mehr für möglich gehaltenen Weltfinanzkrise des Jahres 2008 und mit den Fluchtbewegungen der letzten Jahre. Botho Strauß hat die drohenden Verwerfungen des ökonomischen Systems erahnt. Er hat zudem gefragt, ob wir genügend christliche Substanz haben, um die deutschen Gegenwartsprobleme zu bewältigen. Vor dem Hintergrund dieser Erfahrungen bleibt der ‚Anschwellende Bocksgesang‘ eine dichterisch wirkmächtige Blaupause für eine dringend notwendige ökonomische und politische Vergegenwärtigung.

Literatur

Schwilk, Heimo/Schacht, Ulrich (Hrsg.): Die selbstbewusste Nation. ‚Anschwellender Bocksgesang‘ und weitere Beiträge zu einer deutschen Debatte, 2. Aufl., Ffm/Berlin 1994

Strauß, Botho: Anschwellender Bocksgesang, in: Der Spiegel 6/1993

10. Die Apokalypse neu denken, um den Ernstfall zu verhindern

Arno Bammé (1944) ist ein Soziologe und Didaktiker, der vor allem an der Universität Klagenfurt lehrte und forschte. Er hat bisher einige bemerkenswerte Klassiker vorgelegt. Man denke nur an seine viel diskutierten Arbeiten (zusammen mit Eggert Holling und Wolfgang Lempert, 1983) zur ‚Beruflichen Sozialisation, an seinen ‚Occidentalen Menschen (2011), zur ‚Geosoziologie‘ (2016) und nun an die ‚Apokalypse denken, um den Ernstfall zu verhindern‘ (2017). Es geht in dem neuen Buch vor allem um das Monumentalwerk ‚Der Untergang des Abendlandes‘ (1918) von Oswald Spengler.

Es beginnt mit der ‚Offenbarung des Johannes‘ und mit dem Erdbeben von Lissabon. Dieses Erdbeben stellt einen Wendepunkt dar. Es wird nicht mehr biblisch gedeutet als Ausdruck einer göttlichen Bestrafung für Verfehlungen der Menschen, sondern als eine naturwissenschaftlich analysierbare Katastrophe. „Tatsächlich hat das große Erdbeben von 1755, worauf Breidert in seinem abschließenden Resümee hinweist, der europäischen Erdbebenforschung einen starken Impuls versetzt.“ (Bammé 2017/S.25)

Das Hauptkapitel ist eine intensive Auseinandersetzung mit Oswald Spengler, dabei werden die Kritiken von Theodor W. Adorno mit einbezogen. Spengler beschreibt als Universalhistoriker die Entwicklung von Kulturen mithilfe eines Pflanzenmodells. Kulturen haben eine Entwicklung wie Pflanzen. Sie werden gesät, es gibt eine Entwicklung, eine Blüte und einen Zerfall. Dies ist ein zwingender biologischer Vorgang, der für jede Kultur gilt. In diesem Sinne ist die europäische Kultur aktuell in einem Zerfallsstadium. Wir erleben den langsamen Untergang des Abendlandes und es werden neue Kulturen daraus entstehen. In Anlehnung an Adorno kritisiert Bammé diese biologistische Vorstellung. Sie plädieren für eine soziologische Begründung und rücken Kapitalismuskritik und Technik in den Fokus der Analyse. In der Analyse des Kapitalismus wurde von Marx immer wieder der Zusammenbruch, der große Kladderadatsch behauptet. Hier gibt es apokalyptische Visionen in plausibler Form.

Die Frage, wohin der geschichtliche Prozess treibt, ist nun für Bammé zusätzlich mit der Frage nach der Entwicklung des ‚Technischen Fortschritts‘ verbunden.

Die anfängliche Technikgläubigkeit ist durch die Kritik an der Atomkraft ins Gegenteil verkehrt. So setzt sich Bammé folgerichtig intensiv mit fast vergessenen Autoren und Positionen auseinander. Der konservative Friedrich Georg Jünger sieht in der Technik eine Vernutzung von Mensch und Natur, Heinrich Hardensett sieht viele positive Aspekte in der Technik, Günther Anders betont die ethische Seite der Technik und sieht sie als Bedrohung der Humanität, Gotthard Günther führt die Technikdebatte als ein erkenntnistheoretisches Problem. Er plädiert für eine dreiwertige Logik im Gegensatz zur zweiwertigen Logik (Technik), um möglichst viele Aspekte der Technik zu berücksichtigen. Die Technik wird nun in ihrer ganzen Ambivalenz von Bammé thematisiert. Sie kann Herrschaft und atomare Destruktion bedeuten, aber auch – wie Technokraten lehren – ein Fundament sein für Wohlstand und Versorgung der Bevölkerung. Diese Kapitel sind glänzend geschrieben und leuchten viele Aspekte der Problematik aus. „Das Gestaltungsobjekt menschlichen Daseins sind nicht mehr, wie noch zu Spenglers Zeiten, einzelne, in Nationalstaaten zusammengefasste Regionalgesellschaften, sondern in geosoziologischer Redeweise, das Raumschiff ‚Erde‘, dem in Zukunft als Handlungssubjekt nicht mehr einzelne Klassen und Schichten oder Stände gegenüberstehen werden, sondern die Menschheit in ihrer Gesamtheit als Schicksalsgemeinschaft. Darin unterscheidet sich die Situation Sloterdijks von der Spenglers." (S.112) Der Mensch befindet sich in einem Dilemma, denn er ist Natur- und Kulturwesen zugleich. „Die Auflehnung des Menschen gegen die Natur, wie Spengler sie thematisiert, kann, so gesehen, nie völlig gelingen. Möglicherweise hat sich der Mensch, indem er versucht, sie zu überwinden, fortbewegt von dem, was er für ein gutes Leben tatsächlich braucht, und stattdessen eine Lebens- und Arbeitswelt geschaffen, die dem, was dem Menschen gemäß seiner Art gut tut, nicht mehr entspricht." (Bammé 2017/S.118) Um die drohende, gesellschaftlich verursachte Apokalypse zu bewältigen, setzt sich der Autor für eine Zähmung des Kapitalismus ein und für eine Technik, die humanen Kriterien genügt.

Schwach an dem Buch ist das Schlusskapitel: der Epilog. Hier erfährt man bekannte Vorschläge zum Klimawandel und zur langfristigen Krisenbewältigung. Der Verweis auf die ‚Künstliche Intelligenz‘ ist mehr als fraglich, da auch hier ungeheure Gefahren für die Menschheit lauern. Es wäre wahrscheinlich besser, nicht auf den künstlichen, sondern auf den heilenden Geist zu vertrauen.

Besonders positiv in diesem Buch sind die Rückgriffe und Wiederbelebung so bedeutender Autoren wie Friedrich Georg Jünger mit seiner ‚Perfektion der

Technik', wie Günthers Anders mit der ‚Antiqiertheit des Menschen', wie Heinrich Hardensett und dem ‚Technischen Menschen' und wie Gotthard Günthers ‚Dreiwertiger Logik'. Insgesamt hat Bammé einen mutigen Entwurf gewagt und es ist zu hoffen, dass die Diskussion um die drohende Apokalypse nüchtern fortgesetzt wird.

Literatur

Bammé, Arno: Die Apokalypse denken, um den Ernstfall zu verhindern. Unheilsprophetie von Spengler bis Sloterdijk, Metropolis Verlag, Marburg 2017

11. Karl Jaspers und der Homo oeconomicus

Der Philosoph Karl Jaspers hat in vorbildlicher Weise zu zentralen politischen Fragen der Nachkriegszeit Stellung genommen: Brauchen wir Atombomben? Gibt es eine Kollektivschuld der Deutschen im Zweiten Weltkrieg? Gibt es eine Wiedervereinigung in Freiheit? Haben Parteien zu viel Macht? Sollen die Naziverbrechen verjähren? Zur geistigen Situation der Zeit? Wohin treibt die Bundesrepublik?

In seinen politischen Schriften hat er seine existenzphilosophische Position dargelegt und mit Aktualität verbunden. Philosophisches Denken, hohe Moralität und politische Grundsatzfragen bilden eine Einheit mit einer sehr hohen öffentlichen Wirkung. Er war in den 1960er-Jahren eine anerkannte moralische Instanz. Seine erzieherische Position setzte sich meist zwischen alle politischen Stühle, was die Wirkung seiner Aussagen sogar noch steigerte. Auf wirtschaftlichem Gebiet liegen von ihm leider solche ausführlichen Studien nicht vor. „Von den ökonomischen Dingen vermag ich nicht einmal im Ansatz zu reden. Sie aber zu kennen, ist für das ethisch-politische Wollen wesentlich." (Jaspers 1961/S.138)

Man kann, von Jaspers ausgehend, trotzdem folgende Ideen zur Wirtschaft andeuten: Er lobt ausdrücklich die Studie ‚Die protestantische Ethik und der Geist des Kapitalismus' von Max Weber. Hier vor allem die verstehende Methode und die Betonung des Kulturellen gegenüber der Wirtschaft. Durch die schwindende Bedeutung des Kulturellen, so Jaspers, verlören Arbeit und Beruf ihre tiefere Begründung. Sein Menschenbild wird bestimmt durch die Existenzphilosophie und den damit verbundenen Begriffen: Existenz, Transzendenz, Grenzsituation, das Umgreifende, Freiheit, Wahrheit, Vernunft etc.

Das Denken von Jaspers widerspricht nicht völlig dem heute vorherrschenden Konzept des Homo oeconomicus. Individuelle Freiheit und rationales Entscheiden sind durchaus Brückenbegriffe, Utilitarismus und Konsumorientierung werden dagegen von Jaspers eher abgelehnt. Nützlichkeit bedeutet für ihn Oberflächlichkeit und Beliebigkeit. Für Jaspers ist die Wirtschaft der Kultur untergeordnet: „Wir müssen einsehen: Die Wirtschaft oder irgendeine ihrer Gestalten ist nicht das Absolute. Sie ist nicht der Maßstab für alles, was wir sind und sein können. Sie ist zwar so unentbehrlich wie das Wasser für das Leben, das ohne Wasser sofort stirbt. Aber sie ist nicht so wenig wie das Wasser schon das Leben. Die Wirtschaft empfängt ihren Sinn erst durch das, wofür sie stattfindet und was nicht Wirtschaft ist." (Jaspers 1964/S.139)

Jaspers hat für soziale und wirtschaftliche Fragen die verstehende Methode von Max Weber ausdrücklich empfohlen. Die Modelltheorie oder die statistische Methodenlehre der modernen Ökonomik sind für Jaspers damit wissenschaftlich zweifelhafte Verfahren. Die Bindungslosigkeit des Homo oeconomicus widerspricht dem Treuegedanken der Existenzphilosophie. Jaspers mahnt im Liberalismus vor allem das Fehlen einer philosophischen Freiheit an. Von diesem sehr hohen Anspruch aus beklagt er eine schwindende innere Freiheit des Individuums. Freiheit ist für Jaspers mehr als freie Konsumwahl, freie Berufswahl oder Vertragsfreiheit. „Das Weltbild des Liberalismus ist als philosophisches ametaphysisch, totalitätslos, weil überall nur für Begrenztes aufnahmefähig, blind für die Menschlichkeiten; solche sind nur als leere Endlosigkeiten gekannt." (Jaspers 1994/S.322) Für Jaspers ist das liberalistische Denken formal und ohne eine tiefgehende Substanz.

Rationalität wird bei Jaspers differenziert in Vernunft und Verstand. In diesem Sinne ist der Homo oeconomicus ein Verstandeswesen, dem eine höhere Vernunft und damit auch eine höhere Verantwortung fehlen. „Es ist ein Irrtum, zu meinen, die Einigung der Menschheit werde durch die Wissenschaften gefördert und schließlich verwirklicht. Wissenschaft ist Sache des Verstandes. Die durch ihn bewirkte Einmütigkeit ist die der zwingenden Erkenntnis, die nicht die Menschen vereint, sondern den identischen Punkt ihres Denkenkönnens bezeugt. Einmütig begreifen sie alles Technische und die Atombombe. Erst die Vernunft kann Menschen im Ganzen ihres Wesens vereinen." (Jaspers 1961/S.184) In diesem Sinne müsste nach Jaspers der Homo oeconomicus eingebettet werden in eine philosophische Dimension.

Jaspers plädiert in seinen Kampfschriften zum Zeitgeist für ein überpolitisches Ethos. Auf die Wirtschaft übertragen, wäre ein überökonomisches Ethos notwendig. Das wären Politiker und Wirtschaftsakteure, die langfristige qualitative Entscheidungen vorbereiten würden, nicht die Herrschaft von Bürokratien. Das Konzept des Homo oeconomicus verstärkt ohne Zweifel eine allgemeine Konsumorientierung und Gewinnorientierung. Eine philosophische Lebensführung im Sinne von Karl Jaspers ist den modernen Ökonomen fremd. „Soll unser Leben nicht in Zerstreuung verloren gehen, so muss es in einer Ordnung sich finden. Es muss im Alltag von einem Umgreifenden getragen sein." (Jaspers 1988/S.92) Auch heute brauchen wir soziale und politökonomische Provokationen zur geistigen Situation der Zeit!

Literatur

Jaspers, Karl: Die Atombombe und die Zukunft des Menschen, München 1961

Jaspers, Karl: Die geistige Situation der Zeit, 5. Aufl., München 1964

Jaspers, Karl: Max Weber, München 1988

Jaspers, Karl: Psychologie der Weltanschauungen, 2. Aufl., München/Zürich 1994

12. Der Geist des Kapitalismus

In der bisherigen Diskussion um die geistigen Grundlagen des westlichen Wirtschaftssystems wurde vor allem Max Weber zitiert, der in der protestantischen Ethik eine theoretische Fundierung der Wirtschaft sieht. Genauer: im Calvinismus. Seine Tugenden wie Sparsamkeit, Fleiß, Genauigkeit, Rechtschaffenheit seien notwendig gewesen, um eine kapitalistische Wirtschaftsentwicklung möglich zu machen. Pflichtgefühl, Askese, Absage an Luxus, Vergnügen und Konsum sowie eine Berufung zur harten Arbeit sind erforderlich, um Investitionskapital zu bilden und einen Akkumulationsprozess in Bewegung zu bringen. Aus diesen calvinistischen Tugenden erklärt man bekanntermaßen die Tatsache, dass der Kapitalismus in Europa und nicht in anderen Erdteilen entstanden ist. Zwar wäre es an dieser Stelle notwendig, auch auf den Aspekt von Luxus und Verschwendung hinzuweisen, die ebenfalls für eine kapitalistische Entwicklung notwendig sind, doch soll hier der geistige Aspekt näher beleuchtet werden.

Michael Novak (1998) weist in diesem Zusammenhang auf die katholische Ethik hin. So wären auch in katholischen Städten kapitalistische Wohlstandsentwicklungen anzumerken. Im Verlaufe der letzten hundert Jahre hat sich die katholische Ethik stärker mit einer marktwirtschaftlichen Ordnung identifiziert. Zunächst bestand eine große Skepsis gegenüber dem Markt, der als eine anonyme, unmenschliche Macht interpretiert wurde. Noch stärker wurde der Sozialismus wegen seiner Religionsfeindlichkeit abgelehnt und bekämpft. Egoismus und Streben nach materiellem Reichtum waren verpönt. Der Staat galt als christliche Einrichtung, der die Bürger vor sozialer Deklassierung zu schützen hat. Eine Wende sieht Novak in der Enzyklika des polnischen Papstes Centesimus annus im Jahre 1991. Hier wird zum ersten Mal eine Unternehmerwirtschaft oder Marktwirtschaft – unter bestimmten Voraussetzungen – als Modell für Osteuropa oder die Dritte Welt in Erwägung gezogen. Durch die Erfahrungen mit der Unterdrückung der Freiheit in den sozialistischen Staaten wurde immer stärker in der katholischen Ethik die persönliche Freiheit des Einzelnen betont. Kern der Freiheit sei die Religionsfreiheit, diese Wahlfreiheit sollte aber auch Modell sein für die freie Wahl des Konsums, des Berufes, der Innovation und des Handelns. „Wir müssen diesen Freiheitsbegriff weiter untersuchen, denn er führt religiöses Denken näher an den ökonomischen Begriff der ‚rationalen Wahl' heran und bereichert ihn. Er erklärt, dass ‚rational' nicht nur ‚nützlich' oder nur ‚materialistisch' bedeutet". (Novak 1998/S.144)

Der Autor unterscheidet zwei Freiheitsbegriffe: Einerseits die Freiheit in der Tradition der Französischen Revolution und andererseits die Freiheit in der amerikanischen Verfassung. Die Freiheit der Französischen Revolution bedeute Freiheit vom Gesetz, die der amerikanischen Verfassung bedeute Freiheit im Gesetz. „In den Umgangssprachen Kontinentaleuropas scheint die Freiheit (liberté, libertà, libertad, libertas) den Bereich dessen zu umfassen, 'was nicht verboten' ist. Innerhalb dieses Horizonts werden Freiheit und Gesetz als Gegensätze gesehen: Auf der einen Seite die Dinge, die befohlen oder verboten werden, auf der anderen Seite die, welche vom Gesetz nicht erfasst sind, bezüglich derer man frei ist. Die anglo-amerikanische Auffassung ist ganz anders. Hier wird die Freiheit als die innere Form des Gesetzes gesehen. Das Verständnis freien Handelns leitet sich von Vernunft, Gesetz, Pflicht und einem geordneten Gewissen ab." (Novak 1998/S.114). Der Autor stützt sich vor allem auf den amerikanischen Freiheitsbegriff, der stark auf ein aktives, schöpferisches Individuum setzt. Er sieht dadurch die Möglichkeit, Religion und Wirtschaft zu versöhnen. Die antikapitalistischen Einstellungen der europäischen Eliten sieht er in deren Freiheitsverständnis, das auf der Französischen Revolution beruht. Danach wird eine freie Wirtschaft vor allem als eine rücksichtslose, egoistische Maschinerie kritisiert. In einer freien Wirtschaft haben nach Novak dagegen selbst die Ärmsten ein Recht, ihre Lebenslage zu verbessern, und sind zu persönlicher Initiative und Kreativität berufen und verpflichtet. Nicht ein Sozialstaat ist das Ziel, sondern die kreative Freiheit des Einzelnen. Da Gott schöpferisch ist, soll auch sein Ebenbild kreativ sein. So soll sich der freie Bürger in der Arbeit entfalten, Schulen und Universitäten tatkräftig unterstützen und sich auch in der Armenpflege bewähren. „In der Kreativität des menschlichen Geistes liegt der Ursprung einer menschenwürdigen demokratischen und kapitalistischen Ordnung. Diesen kreativen Geist in seinem Bestreben zu hegen, die ganze Schönheit des Schöpfers, von dem er sich ableitet (und von dem sich die Schönheit der Schöpfung ableitet) wiederzuspiegeln, ist auch ihr Ziel." (Novak 1998/S.132-133) In diesem Sinne wird Freiheit in die kulturelle, wirtschaftliche und politische Freiheit differenziert. Die persönliche Freiheit und damit verbunden auch das Recht auf Privateigentum und Privatinitiative sind für Novak die Bindeglieder zwischen katholischem Geist und kapitalistischer Innovations- und Fortschrittsgläubigkeit. Diese neue Symbiose hat aber auch Grenzen. Eine völlig rücksichtslose und egoistische Wirtschaft wird abgelehnt. Auch sollten die Moralvorstellungen des Westens durch eine katholische Ethik verändert werden, die die Marktwirtschaft zügeln soll. „In ähnlicher Weise setzt der Papst dem Gesetz des freien Marktes drei klare moralische Grenzen: 1. viele menschliche Bedürfnisse werden vom Markt nicht bedient, weil sie jenseits des Marktes liegen; 2. einige Güter können und dürfen nicht gekauft und verkauft werden; 3. ganze Menschengruppen haben nicht die Ressourcen, um sich am Markt zu betätigen; sie brauchen Hilfe außerhalb des Marktes. Das Marktprinzip ist gut, aber es ist in seiner Kompetenz universal noch vollkommen bedingungslos. Es ist kein Idol." (Novak 1998/S.156).

Damit wird deutlich, dass die katholische Soziallehre nicht zu einem liberalistischen Programm mutiert ist. Sie stützt sich auf den amerikanischen Freiheitsbegriff gegen die sozialistischen Staaten, aber auch auf eine Idee für die westliche Wirtschaft. Freiheit in diesem Sinne bedeutet persönliche Entfaltung auf der Basis einer strengen christlichen Moral. Also auch den Kampf gegen Nihilismus und westlichen Konsumismus, gegen Spaß- und Comedygesellschaften. „Mit anderen Worten, Demokratie, Kapitalismus und Pluralismus sollten umso besser funktionieren, je mehr sich die Bürger mit dem christlich-jüdischen Glauben in Einklang befinden. Wie Tocqueville zu Recht feststellte: Religion ist die wichtigste politische Einzelkraft in Demokratien. Ein Grund, warum Religionen der Demokratie kritisch gegenüberstehen ist der, dass sie das rein Weltliche aus der Sicht der Transzendenz sehen." (Novak 1998/S.215).

Die Ausführungen von Novak sind deswegen interessant, weil sie verschiedene Freiheitsbegriffe herausarbeiten und damit eine Brücke bauen zwischen der modernen volkswirtschaftlichen Theorie (Public choice and private choice) und der Freiheit eines Christenmenschen. Allerdings blendet der Autor die Qualität des technischen Fortschritts in der westlichen Welt aus der Analyse aus. In den letzten Jahren ist aber deutlich geworden, dass dieser immer mehr auch zu einem Problem geworden ist. Sei es als Problem der Ressourcenknappheit, sei es als eine Frage von Umweltbelastung. Die westlichen Volkswirtschaften haben sich immer stärker in Hightech-Marktwirtschaften organisiert mit neuen Arbeits- und Kommunikationsstilen. Diese Entwicklungen müssen auch eine ethisch begründete Marktwirtschaft stärker ins Blickfeld nehmen. Dann erweist sich Moral nicht nur als eine ethische Verhaltensweise, sondern auch als eine Frage der Qualität der Technik und der Proportionalität (Illich 2006). Damit ist gemeint, dass der modernen Technik eine Tendenz zum Atomismus innewohnt und die

Frage nach einer Einheit in der Vielheit nicht beantworten kann. Ihr ist schlichtweg das innere Maß, eine ästhetische Proportionalität verloren gegangen. Ungeheurer Ressourcenverbrauch und hohe Umweltbelastungen sind Hinweise dafür.

Literatur:

Ivan Illich: In den Flüssen nördlich der Zukunft. Letzte Gespräche über Religion und Gesellschaft mit David Cayley, München 2006

Michael Novak: Die katholische Ethik und der Geist des Kapitalismus, 2. Aufl., Trier 1998

13. Kapitalismus als Religion

Giorgio Agamben ist ein italienischer Denker und einer der meistdiskutierten Philosophen unserer Zeit. Er ist sehr öffentlichkeitsscheu. „Die Zeit" hat aber am 13.9.2015 ein Interview mit ihm veröffentlichen können, das einige Kernthesen seines Denkens verdeutlicht. Bekannt wurde der 1942 in Rom geborene Philosoph vor allem mit seinem ‚Homo sacer Projekt', zu dem unter anderem seine Studien über den ‚Ausnahmezustand' und ‚Was von Auschwitz bleibt' gehören. Der Abschlussband dieser bedeutenden Serie des politischen Philosophierens, ‚Der Gebrauch der Körper', ist in Italien gerade erschienen.

Agamben wettert gegen die Herrschaft des Geldes in Europa. Dies ist nicht sein Europa. Es wird zu sehr von einem ökonomischen Interesse diktiert. „Zunächst gilt es, der Lüge entgegenzutreten, dieser Vertrag zwischen Staaten, den man als Verfassung ausgibt, sei das einzig denkbare Europa, diese ideen- und zukunftslose institutionalisierte Lobby, die sich der düsteren aller Religionen, der Religion des Geldes, blind verschrieben hat sei die rechtmäßige Erbin des europäischen Geistes." (Agamben, Die Zeit Nr. 35, 2015)

Die Ökonomie hat keine eigentliche Zielsetzung und kann daher nicht für die Gesellschaft als Wertorientierung dienen. „Worauf ich hinauswill, ist, dass die Ökonomie als solche weder wissen noch entscheiden kann, wozu sie dienen soll. Genauso verhält es sich mit der Krise, von der so viel gesprochen wird." (Agamben, Die Zeit Nr. 35, 2015) Die Ökonomie kann daher für alle möglichen Zwecke instrumentalisiert werden.

Die Gesellschaft sieht sich einer lähmenden Zukunft entgegen. In expliziter Anlehnung an Ivan Illich will Agamben das Mönchstum des Mittelalters in neuer Weise fruchtbar machen. Es geht nicht um eine Revolution im klassischen Sinne, sondern um eine ‚aufhebende Kraft', die von innen heraus die Ökonomisierung der Gesellschaft implodieren lässt. Es geht nicht um einen Kampf, sondern um einen Ausweg. „Was mich am Phänomen der Mönchsorden vor allem interessierte, war das Auftreten einer Lebensform, das heißt einer Politik, die auf Flucht und Rückzug beruht. Das Reich brach zusammen, die Mönchsorden bestanden fort und haben für uns das Erbe bewahrt, dessen Überlieferung die staatlichen Institutionen, ganz wie in unseren Tagen die europäischen Schulen und Universitäten, die gerade massiv abgebaut werden, nicht mehr leisten konnten. Ich sehe so etwas auch auf uns zukommen. Natürlich braucht das seine Zeit." (Agamben, Die Zeit Nr. 35, 2015)

Eine zweite Idee knüpft ebenfalls an Illich an. Agamben benutzt den Begriff der ‚Geschäftslosigkeit‘. Es geht nicht um Muße oder um eine Organisierung der Langeweile, sondern um Tätigkeiten, die der Ökonomisierung entrissen werden. „Die Lebensform ist die allem Leben innewohnende Geschäftslosigkeit, eines jedes Leben durchziehende Spannung, die die soziale Identität und die rechtlichen, wirtschaftlichen und sogar körperlichen Gegebenheiten außer Kraft setzt, um einen anderen Gebrauch von ihnen zu machen. Es ist also dasselbe, wie mit der Berufung: Vielleicht ist es gut, eine Berufung zu haben, Schriftsteller, Architekt oder was auch immer werden zu wollen. Doch die wahre Berufung ist die Widerrufung jeder Berufung, sie ist eine Kraft, die im Innern der Berufung wirkt, sie infrage stellt und zu einer wahren Berufung werden lässt." (Agamben, Die Zeit Nr. 35, 2015)

Die kapitalistischen Gesellschaften haben immer wieder betont, dass sie am besten in der Lage seien, eine effiziente Produktion und Verteilung der Waren über den Markt zu organisieren. Dagegen sei der Sozialismus schwerfällig und ineffizient. Heute wissen wir, dass die Marktwirtschaft sehr effizient ist, aber ungeheure Umwelt- und Ressourcenkosten verursachen kann. Es ist eine Ironie des Kapitalismus, dass das mittelalterliche Kloster die Kultur und das wirtschaftliche Leben besser entwickelt hat als die anonyme, industrielle Megamaschine. Innere Berufung und ‚Geschäftslosigkeit‘ sollen nach Agamben wohl in diese Richtung weisen! Es ist aber nicht zu verkennen, dass die ehrwürdigen Klöster an Strahlkraft massiv eingebüßt haben.

14. Plurale Ökonomie

Rudolf zur Lippe (1937-2019) war von 1974 bis 2002 Professor für Sozialphilosophie und Ästhetik an der Universität Oldenburg. Außerdem lehrte er ‚Philosophie der Lebensformen' an der Universität Witten/Herdecke. Sein erstes Studium, Volkswirtschaftslehre an der Universität Heidelberg, schloss er 1960 mit dem Diplom ab. Sein zweites Studium, Mittlere und Neuere Geschichte, 1965 mit dem Dr. phil. 1969 begann er bei Theodor W. Adorno seine philosophisch orientierte Geschichte des Leibes in der Moderne, die 1973 in die Habilitation zu Sozialphilosophie und Ästhetik an der Universität Frankfurt mündete. 1979 publizierte er die vielbeachtete Schrift ‚Am eigenen Leibe – Ökonomie des Lebens'.

Er war Herausgeber der Zeitschrift ‚POIESIS – praktisch-theoretische Wege ästhetischer Selbsterziehung'.1989 initiierte er die Karl-Jaspers-Vorlesungen zu Fragen der Zeit mit interkulturellen Gastprofessoren und Kolloquien. Als erster Gastprofessor wurde 1990/91 Ivan Illich berufen. Es folgten u.a. Professor J.P.S. Uberoi, Humberto Maturana oder die Schweizer Philosophin Jeanne Hersch sowie Jürgen Habermas, Carl Friedrich von Weizsäcker, Hans-Georg Gadamer und Lew Kopelew. Es fanden Seminare und Kolloquien mit Bildhauern, Musikern und Psychologen statt. Neben Heidelberg und Basel konnte sich Oldenburg als Karl-Jaspers-Stadt profilieren – auch durch das Karl-Jaspers-Haus, in welchem Lehre und Forschungen stattfinden.

Zur Lippe plädierte für eine philosophische Interpretation der Ökonomie und hat damit eine neue Perspektive in die moderne Ökonomie eingebracht. Diese Diskussion hat Rudolf zur Lippe in seinem philosophischen Essay ‚Freiheit, die wir meinen' (1991) begonnen. Er kritisiert, dass die moderne Ökonomie nicht auf der Erkenntnisfreiheit beruht, sondern ihre zentralen Begriffe wie Bedürfnis, Konkurrenz, Produktion, Eigentum, Wachstum nur unzureichend und interessengebunden bestimme und nach dem Sinn des Ganzen zu wenig frage. Zwar sei der Konsument in seiner Kaufentscheidung frei, doch nach der Substanz der Freiheit wird nicht gefragt. Freiheit wird zur Beliebigkeit. Jede Kaufentscheidung ist per Definition rational. Die Grenzen der Bedürfnisse sind die knappen Ressourcen und nicht das Prinzip Verantwortung (Jonas). Zur Lippe entwickelt den Begriff des Bedürfnisses im aufklärerischen Sinne. Der Mensch hat danach ein Verlangen nach Freiheit und Vernunft, er spürt ein Streben nach Transzendenz, nach einem höchsten Gut (Kant). „So gehören in dem Begriff Bedürfnisse die Notdurft des Hungers und der Anspruch, am Weltganzen teilzuhaben, immerhin zusammen, noch bevor sie, wie bei Hegel, als wirksame Vermittlung des einen durch das andere begriffen werden." (zur Lippe 1991/S.49)

Zur Lippe versucht, die zweckrationalen ökonomischen Begriffe in vernünftige Ideen einzubetten und zu erweitern. So soll z.B. der Begriff des Marktes nicht einfach als Konkurrenz begriffen werden, sondern in seiner ursprünglichen Idee des Wettstreites. „Zusammenfassend müssen wir feststellen, daß Wetteifer nur eine untergeordnete Rolle in den beherrschenden Mechanismen von Konkurrenz spielt. Dies gilt auf zwei Ebenen, sowohl für die Konkurrenten, die am Markt auftreten, wie für die innere Organisation der konkurrierenden Unternehmen. Antriebskräfte, Initiativen und Entfaltung der Lebensgeister werden also aus systematischen Gründen in der herrschenden Form westlicher Marktwirtschaft unterentwickelt gehalten." (zur Lippe 1991/S.59)

2012 hat er seine philosophische Sicht der Ökonomie in seinem Buch ‚Plurale Ökonomie: Streitschrift für Maß, Reichtum und Fülle' (Freiburg/München 2012) präzisiert. In dieser Schrift beruft er sich auf die Studien von Ivan Illich, Leopold Kohr und Ernst F. Schumacher zur Subsistenzwirtschaft, zum richtigen Maß und zur Fantasie. „Unsere Gesellschaften wie unsere Ökonomie kranken daran, dass die Menschen ihre Potentiale nicht oder nur sehr einseitig entwickeln und fruchtbar machen können, weil es nur die konventionell definierten Erwerbsarbeitsstellen oder die Arbeitslosigkeit gibt." (zur Lippe 2012/S.13) Er setzt auf Maß, Angemessenheit und Fülle. „Fülle ist schon ein utopischer, vielleicht aber ein visionärer Begriff. Sie läßt sich überhaupt nicht messen und ereignet sich uns darum im Kleinsten wie im Großen. In den Ereignissen der Fülle begegnet uns Ewigkeit im Endlichen und wird zum Fest." (zur Lippe 2012/S.12)

Was heißt nun ‚Plurale Ökonomie'? Damit ist nicht einfach nur eine pluralistische Ökonomie gemeint, dass viele Ansätze neben der neoklassischen Ökonomie vertreten werden, sondern dass vor allem die Ökonomie aus philosophischer Sicht interpretiert wird. Damit ist auch gemeint, dass neben dem konventionell-kapitalistischen Sektor die Hausarbeit, Schattenwirtschaft und alternative Wirtschaftsformen anerkannt und ausgebaut werden. „Plurale Ökonomie verlangt als erstes, genau diese Funktion und ihre lebens- und überlebensnotwendigen Beiträge zum Gesamt unserer Wirtschaftsformen gesellschaftlich anzuerkennen – praktisch wie theoretisch... Mit diesem Begriff gehen wir über die bloße Anerkennung des pluralistischen Nebeneinander von industriell-kapitalistischem Sek-

tor und anderen Wirtschaftsformen hinaus zu einem weitergehenden Entwurf."
(zur Lippe 2012/S.30)

Zur Lippe geht davon aus, dass der Arbeitsbegriff der Industriegesellschaft nicht
mehr zeitgemäß ist und durch den Begriff der ‚Lebenstätigkeit‘ (Goethe) ersetzt
werden muss. „Doch es gab anders gerichtete Vorstellungen gerade auch in dieser Zeit, in der die bürgerliche Wirtschaftsform der Arbeitsteilung, des Marktes,
der Arbeitszerlegung und die Maximen des Kapitals in ‚die große Industrie‘
übergingen. Unter diesen Vorstellungen seien die Goethes ausgewählt, um ein
anderes anthropologisches Konzept als das der historischen Form von ‚Arbeit‘
für die Gegenwart aufzunehmen. Besonders vor dem Hintergrund seiner außerordentlich einschneidenden und umfassenden Kritik aller Strategien, die er als
‚veloziferisch‘ erkannte, ist sein Gegenbegriff zur Arbeit in beschleunigter Ver-
ausgabung der Leistungskraft ein hervorragender Wegweiser ‚Lebenstätigkeit‘"
(zur Lippe 2012/S.142) In diesem Zusammenhang erwähnt zur Lippe einige
handwerkliche und bäuerliche Betriebe, die nicht auf entfremdeter Arbeit begründet sind, sondern auf sinnstiftender Lebenstätigkeit. „Solche Erfahrungen
sind ebenso die Grundlage erfolgreichen Wirtschaftens, wie sie erforderlich
sind, um Grundmuster einer Kultur auszubilden und umzubilden. Das sogenannte ‚kulturelle Erbe‘ muss gerade so umgeschichtet werden wie ein Komposthau-
fen." (zur Lippe 2012/S.165)

Zur Lippe will den Begriff des Gemeingutes neben dem traditionellen Begriff
des Privateigentums etablieren. „Wenigen fällt noch, wie eine rührende Anekdo-
te, ein, dass es offenbar einmal in den Dörfern Europas eine Weide gab oder einen Wald, die nicht Eigentum der einen oder anderen waren, sondern allen gemeinsam. Vielleicht begleitet noch die Vorstellung des von ihnen genutzten
Landes die Erinnerung an einen Ausgleich von ‚Rechten und Pflichten‘". (zur
Lippe 2012/S.123) Er plädiert nicht für mehr staatliches Denken im Gegensatz
zum marktliberalen Denken, sondern für die Gemeingüter Bildung, Wasser oder
Wissen, die in eigener Verantwortung der Produzenten und Konsumenten organisiert und gestaltet werden. „Der Begriff Gemeingut steht auf allen Ebenen für
die Verbildung von Nutznießung und Betroffenheit, von Rechten und Pflichten,
von Mitsprache und Mitleiden. Das ist der Kontext, in dem Verantwortung ihren
Sinn erfüllen kann, so wie wir Verantwortung übernehmen müssen für unsere
Welt." (zur Lippe 2012/S.139)

Rudolf zur Lippe hat seine ‚Plurale Ökonomie' 2012 veröffentlicht. Seither hat sich in der ökologischen Frage einiges getan. Die Frage des Klimawandels trat ergänzend ins öffentliche Bewusstsein und hat die Thematik beschleunigt und wesentlich konkretisiert. Ernährungs-, Verkehrs-, Klima- und Landwende werden ständig thematisiert und organisiert. Themen, die bei Rudolf zur Lippe angedacht sind. Aber sein Augenmerk galt nicht einer technokratischen Wende als vielmehr einer philosophischen Lebensweise im Dienste einer Ästhetik, die sich auf die ästhetischen Briefe von Friedrich Schiller berief. Der Begriff der Schönheit war für ihn zentral. „Auch die geschichtliche wie lebensgeschichtliche Existenz der Menschen muss sich zwischen den Notwendigkeiten des Überlebens und der Freiheit der Entfaltung des Lebens vollziehen. Unsere konventionellen Vorstellungen von Ökonomie als Wirtschaften nach den Prinzipien des Mangels und deren konkreten Umkehrung in das Desiderat unendlichen Überflusses kehren Notwendigkeit und Freiheit gegen einander. Ökonomie muss die Kunst werden von Fron und Expansion, die noch immer ungeahnte Fülle und Vielfalt menschlicher Beziehungen in der Gesellschaft und zwischen uns und der Welt immer neu einzulösen." (zur Lippe 2012/S.194)

Die ‚Plurale Ökonomie' muss aber auch die Verschärfungen und Verwerfungen in den internationalen Wirtschaftsbeziehungen zur Kenntnis nehmen, zudem bleiben die Vor- und Nachteile der Digitalisierung unerwähnt. Nichtdestotrotz bleibt als Vermächtnis der unermüdlichen Arbeit von Rudolf zur Lippe sein theoretisches und praktisches Eintreten für eine neue, philosophisch begründete Ökonomie auf der Tagesordnung.

Literatur

Lippe, Rudolf zur: Was heißt Ökonomie? In: Mehrwert 19, Beiträge zur Kritik der politischen Ökonomie, Berlin 1979, S.169-181

Lippe, Rudolf zur: Freiheit, die wir meinen, Hamburg 1991

Lippe, Rudolf zur: Plurale Ökonomie: Streitschrift für Maß, Reichtum und Fülle, Freiburg/München 2012

15. Eigenarbeit und Askese

Die wirtschaftlichen Aktivitäten der Klöster waren in den letzten Jahren nicht sehr oft der Gegenstand von wissenschaftlichen Erörterungen. Bernhard Nagel hat mit seinem Buch „Die Eigenarbeit der Zisterzienser" (2006) diese Phalanx durchbrochen. Seine rechtsökonomische Analyse beschäftigt sich mit der Entwicklung des Zisterzienserordens im Hochmittelalter auf der Basis ihrer Ordensregeln. Der Orden sah sich als eine Erneuerung der Benediktiner an und wollte im Gegensatz zu ihnen die Eigenarbeit in den Mittelpunkt stellen. Die mittelalterliche Losung ‚ora et labora' bedeutete bei den Zisterziensern ‚Ackerbau und Viehzucht betreiben, von der Arbeit der eigenen Hände leben und ein kontemplatives Leben führen. Askese, Konsumverzicht, Sparsamkeit. Die Handarbeit stand im Mittelpunkt und hatte eine spirituelle Bedeutung. Wirtschaftliche Tätigkeit war nicht, wie später bei Adam Smith, Tausch und Arbeitsteilung, sondern Handarbeit, Arbeit an der Natur, Leben mit Pflanzen und Tieren. Das Ganze war eingebettet in einem streng religiösen Leben.

Nagel erläutert viele Beispiele aus der Produktion und Arbeitsorganisation, die zeigen sollen, dass ein effizientes Wirtschaften gelungen ist. „Sie legten daneben bei den Klöstern Kräuter-, Gemüse-, und Obstgärten an. Sie bauten fast überall Getreide an und waren von Anfang an darauf bedacht, es auch selbst zu vermarkten. Ihre Düngemethoden waren vorbildlich." (Nagel 2006/S.38-39) Es wurde eine kluge Waldpflege betrieben, es gab Pferde-, Rinder-, Schweine und Schafzucht in größerem Umfang. „Sie nutzten das Wasser für Fischteiche, für Mühlen, zur Bewässerung der Felder und als Trinkwasser. Mit besonderer Sorgfalt verbesserten sie die Technik der Wassermühlen. Ja sie sollen sogar den Mechanismus erfunden haben, mit dem sich die sogenannten Bockwindmühlen im Winde drehen lassen." (Nagel 2006/S.39)

Es gab eine ausgiebige Bienenzucht, Weinanbau etc. Der Bergbau wurde entwickelt und die Verhüttung von Eisenerzen. Man war führend bei der Salzgewinnung. „Eine wesentliche Ursache für den Erfolg der Zisterzienser, der noch über die Erfolge der Benediktiner hinausging, lang in der Organisation ihrer Arbeit begründet. Zum einen verrichteten auch die Mönche in erheblichem Umfang Handarbeit, zum anderen organisierten die Zisterzienser den Arbeitsprozess methodisch ebenso, wie sie ihre gesamte Lebensführung methodisch organisierten." (Nagel 2006/S.41) Die Mönche waren in der Lage, durch eine geschickte Arbeitspolitik Arbeitskräfte von außen zu beschäftigen. Auch die Zeitökonomie war ein Schlüssel für den Erfolg. „Kurz zusammengefasst: Sie setzten die damals modernsten Techniken und Technologien ein. Louis Baeck schreibt daher mit Recht, dass die Zisterzienser in ihrer Zeit ‚high tech' waren." (Nagel 2006/S.44)

Da sie von der Eigenarbeit leben wollten, mussten sie stärker als andere Orden das ökonomische Prinzip anwenden. So war der Landerwerb bedeutsam, als Basis für die Ökonomie. Da die Reputation der Klöster ständig anwuchs, wurden auch die Produkte mehr und mehr gekauft. Da die Mönche ein geregeltes, strenges Leben führten, war auch die Organisation der Arbeit methodisch organisiert. „Insbesondere in der Buchführung und der Rechnungslegung waren die Zisterzienser gegenüber den Benediktinern deutlich verbessert… Durch eine derartige, zentrale Kassenführung, bei der Erträge und Nutzen analysiert und auf ihrer Grundlage einer Prognose des zukünftigen Nutzens und Ertrages gegeben wurde, entwickelten sich die Zisterzienser zu einem Vorbild für die städtische Haushaltsführung der Territorialfürsten." (Nagel 2006/S.41-42)

Die Zisterzienser weigern sich, den sogenannten Kirchenzehnt in Anspruch zu nehmen. Dies fördert ihre Autonomie, erhöht aber auch den Zwang, Überschüsse zu erzielen und ihre säkularen Tätigkeiten auszudehnen. Um ihre Überschüsse zu vermarkten, entwickeln sie klostereigene Handelsstationen und bauen erfolgreich ihre eigenen Absatzwege in den Städten auf. Sie sind von Zöllen und Abgaben befreit und haben auch dadurch Vorteile für ihre Einrichtungen. Die Zisterzienser dehnen sich ökonomisch aus und entwickeln ein effizientes Wirtschaften. Dies führt wiederum dazu, dass nach einer Blütezeit der Orden mehr und mehr auf Widerstände beim Volk stößt, da er mit Gewinnstreben identifiziert wird. „Ihre Evolution von einer asketischen zu einer Effizienznorm führt dazu, dass die spirituelle Seite der Askese in den Hintergrund gedrängt wird und dass die ‚Norm' Armut eine untergeordnete Rolle spielt. Aus der vertikalen Integration von Produktion und Absatz entstehen Fluktuationskräfte, die Norm ‚Armut' wird gehemmt. Askese in der Arbeit ist jetzt Teil der Effizienznorm ‚Eigenarbeit'. Diese Effizienznorm wird für den Orden in einer Weise dominant, dass die innere Glaubwürdigkeit und die Reputation nach außen leiden. Der Zustrom von Konversen (Laien) geht zurück. Die Zisterzienser gelten als zu geschäftstüchtig und als geldgierig. Die Akzeptanz des Ordens in Kirche und Welt schwindet." (Nagel 2006/S.82)

Der Autor wirft nun eine Max-Weber-Frage auf: Sind die Zisterzienser Vorboten des Kapitalismus? Wir erfahren als Antwort, dass sie keine Kapitalisten waren. Ihre effiziente Arbeitsorganisation ist nicht mit der Fabrikorganisation eines Henry Ford zu vergleichen, da sie religiös begründet war. „Unpassend ist der Vergleich der Zisterzienserwirtschaft mit der Fabrikorganisation von Henry Ford... Der entscheidende Unterschied liegt darin, dass die Lohnarbeiter Henry Fords auf den Verkauf ihrer Ware angewiesen sind... Die Mönche und Konversen sind freiwillig in das Kloster eingetreten..." (Nagel 2006/S.93-94)

Ein weiterer Unterschied der Zisterzienserwirtschaft und des Kapitalismus liegt nach Nagel in der jeweiligen Bedeutung der Wissenschaft. Die Zisterzienser hatten religiöse Bedenken, die ‚Produktivkraft Wissenschaft' zu nutzen. „Er (der Kapitalist) kann ohne Skrupel das abgreifen, was die sogenannte Grundlagenwissenschaft herausgefunden hat. Er nimmt die Wissenschaft in Gestalt der anwendungsbezogenen Forschung in seine Dienste, er lässt forschen. Forschung und Entwicklung werden zu einem wesentlichen Teil der unternehmerischen Tätigkeit." (Nagel 2006/S.94) Dieses Argument ist allerdings wenig überzeugend, da die These von der Wissenschaft im Dienste des Kapitals arg vereinfacht ist als Situationsbeschreibung für die heutigen Unternehmen. Die Franziskaner haben schon früh die Wissenschaften genutzt. Die Zisterzienser mussten nachziehen, z.B. durch die Gründung von Studierhäusern. Dies ist aber schwer zu vergleichen mit der heutigen, vor allem empirischen naturwissenschaftlichen Forschung.

Am Schluss bringt Nagel ein sinnvolleres Argument. Die Klöster waren zwar reich, aber es war – im Gegensatz zu einer kapitalistischen Wirtschaft – kein individueller Reichtum, sondern der Reichtum gehörte der Klostergemeinschaft. Nagel verwirft zu Recht die These, dass die Zisterzienser Kapitalisten waren. Dazu waren sie zu sehr auf Askese und Konsumverzicht orientiert, die Arbeit war nicht säkular, die Hierarchie war geistlich gedacht.

Waren denn nun die Zisterzienser wenigstens Vorboten des Kapitalismus? Immerhin praktizierten sie famos das ökonomische Prinzip, Handel und Wandel blühten. Auch diese Frage kann man verneinen, denn man könnte sie genauso gut als Vorboten des Sozialismus preisen, da sie kollektive Arbeit und Verantwortung für das Ganze schätzten.

Die Zisterzienser verweisen auf eine andere Fragestellung. Sie zeigen, dass Ökonomie mehr als Tausch ist. Adam Smith bestimmte das wirtschaftliche Geschehen aus der natürlichen Fähigkeit der Menschen, zu tauschen. Die Tiere würden den Knochen nicht freiwillig herausrücken, der Mensch hätte dagegen eine Einsicht in die Vorteilhaftigkeit der Arbeitsteilung. Man müsse den Tausch nur liberalisieren und die Wirtschaft würde aufblühen. Wir wissen, dass diese Methode historisch funktioniert hat, allerdings sind auch die sozialen, negativen Begleiterscheinungen (Kinderarbeit, Entfremdung etc.) unübersehbar. Die Zisterzienser bestimmten der eigenen Hände Arbeit (Ackerbau und Viehzucht) als Basis ihrer Ökonomie, erst dann kam der Tausch. Somit waren sie nicht nur religiös in den Kosmos eingebunden, sondern auch wirtschaftlich stärker in Einklang mit den Tieren und der Natur. Smith konnte nicht sehen, dass seine säkulare Tauschwirtschaft – verbunden mit einer expandierenden Technologie – alle Vorstellungen des 18. Jahrhundert sprengen würde. Bei Smith war Gott nur der Uhrmacher, die Welt lief nun ohne ihn. Die Marktgesetze sollten die Ökonomie stabilisieren und von selbst ins Gleichgewicht bringen.

Die Zisterzienser schotteten sich dagegen vom naturwissenschaftlich-technologischen Weltbild ab und konnten in der Moderne nicht mehr ihre bedeutende Rolle, die sie im Mittelalter hatten, einnehmen. Ihr Bedeutungsverlust hat sicherlich auch religiöse Gründe: Die Entzauberung der Welt (Max Weber) ging auch an diesem Orden nicht spurlos vorbei.

Literatur

Nagel, Bernhard: Die Eigenarbeit der Zisterzienser. Von der religiösen Askese zur wirtschaftlichen Effizienz, Marburg 2006

Woll, Helmut: Menschenbilder in der Ökonomie, München 1999

16. Friedrich Georg Jünger: Heiterkeit des Geistes

Der Sohn eines Apothekers (geb. am 1. September 1898) und des um drei Jahre jüngeren Bruders Ernst Jünger, mit dem er sich stets innig verbunden fühlte, verbrachte seine Kindheit und Jugend in Hannover und Detmold und lernte die Natur am Steinhuder Meer und im Erzgebirge lieben. 1916 meldete er sich als Freiwilliger an die Front, wo er 1917 in der großen Flandernschlacht so schwer verwundet wurde, dass sein Bruder Ernst ihn in letzter Minute retten konnte. Nach seinem Abschied als Offizier (1920) studierte er in Halle und Leipzig Jura und schloss mit einer Promotion ab. Schnell erkannte er, daß er weder Richter noch Anwalt werden wollte und wurde 1928 in Berlin freier Schriftsteller.

Zunächst trat er mit Lyrik an die Öffentlichkeit (*Gedichte,* 1934; *Der Taurus,*1937). Diese frühen Verse, oft Oden und Elegien, setzten die Tradition von Friedrich Gottlieb Kloppstock und Friedrich Hölderlin fort. Sie feierten die Elemente Wasser und Feuer, die Wildnis und die Stunde des Pan, verherrlichten das griechische Ideal der Harmonie von Geist und Körper. Die Nazis fühlten sich von seinen Gedichten angegriffen und ließen ihn von der Geheimen Staatspolizei überwachen. Er selber stand dem Widerstandskreis um Ernst Niekisch nahe.

Friedrich Georg Jüngers zeitkritisches Essay über die Technisierung und Bürokratisierung der Gesellschaft (*Perfektion der Technik,* 1946, *Maschine und Eigentum,* 1949*)* versuchte eine Vertiefung von Ernst Jüngers *Arbeiter* (1932). Dabei setzte er sich auch eingehend mit der Rolle des Privateigentums und dem Zerfall des Geldes aus dem Blickwinkel des griechischen Ideals auseinander.

1937 zog der Lyriker, Essayist und Romancier mit seiner Frau Zita nach Überlingen zunächst ins Weinberghaus und dann an die Seepromenade, ganz nahe an das von ihm geliebten Wasser. Seine Verbundenheit mit der Bodenseelandschaft kommt in seinen Gedichten (*Das Weinberghaus,* 1947) klar zum Ausdruck.

Sein Hang zur Selbstständigkeit und Unabhängigkeit drückt sich auch darin aus, dass er sich politisch nicht gebunden hat. Sein Werk entfaltet sich mit weitem geistigen Horizont in einer Vielfalt der Aspekte zwischen den beiden Polen einer Lyrik von hohen Graden und einer zu den griechischen Wurzeln und Mythen vordringenden Kulturanalyse.

1951 kam ein erstes Erinnerungsbuch mit dem Titel *Grüne Zweige* heraus, 1954 folgte der erste Roman *Der erste Gang.* 1956 folgte der Roman *Zwei Schwestern.*

1960 erschien der zweite Band seiner Erinnerungen *Spiegel der Jahre.* Weitere Arbeiten waren *Gärten im Abend- und Morgenland* und ein Band Erzählungen mit dem Titel *Kreuzwege.* Zum siebzigsten Geburtstag veröffentlichte er neue Gedichte (*Es pocht an der Tür*, 1968).

Er bekam zahlreiche Auszeichnungen und Kunstpreise sowie die Ehrendoktorwürde der Universität Freiburg (1958) verliehen. 1963 erhielt er das Große Bundesverdienstkreuz. Er starb am 20. Juli 1977 im Alter von 78 Jahren in Überlingen am Bodensee.

Die Jünger-Brüder waren nicht nur körperlich Brüder, sondern auch ausdrücklich Brüder im Geiste. Sie haben schriftstellerisch einen gemeinsamen Geistesraum auf sehr hohem Niveau bearbeitet, mit Fragestellungen, die häufig eine hohe Ähnlichkeit aufweisen. Ein gemeinsamer, brüderlicher Lebensweg, der geschichtlich immer seltener zu finden ist. Friedrich Georg hat wohl die Sinnlichkeit stärker betont, dagegen wirkt Ernst in seinen Werken abstrakter und kühler.

Beide weisen ein umfangreiches literarisches Werk auf. Beide sind autonom und eigenständig, obwohl die Interessen und Gedanken sehr stark übereinstimmten. Die Ebenbürtigkeit der Jünger-Brüder wird aber kaum gesehen. Friedrich Georg wird meist verschwiegen oder gilt als harmloses Anhängsel von Ernst, dem kleinen Bruder.

Warum nun Ernst mehr im öffentlichen Interesse stand, ist kaum verstehbar, hatte Friedrich Georg doch mindestens genauso viel zu sagen. Die deutschen Literaturfreunde haben wohl mit Ernst schon genug Probleme. Beide Jünger-Brüder als geistige Titanen zu thematisieren, ist wohl doch ein zu schwerer Brocken.

So schob sich Ernst ins politisierte, öffentliche Bewusstsein (siehe auch: Das Goetheanum vom 8. März 1998). Seine „Stahlgewitter" (1920) mit dem ‚Kampf als einem inneren Erlebnis' waren schon sehr früh Pflichtlektüre für Abiturienten. Wegen dieser Schrift suchten auch die Nazis schon sehr schnell den Kontakt zu Ernst. Doch durch glückliche Umstände kam ein geplantes Treffen mit Hitler Anfang der 1920er-Jahre nicht zustande. So war der Pour le Mérite-Träger schon früh im Gespräch und in der Kritik. Auch seine Teilnahme am Zweiten Weltkrieg in Frankreich steigerten das öffentliche Interesse im In- und Ausland. Zuletzt förderte das biblische Alter von Ernst, dass die öffentlichen Scheinwerfer auf ihn gerichtet waren und sogar europäische Staatsmänner einen ‚einsamen‘ Dichter und Käfersammler zum Geburtstagsplausch besuchten. Ernst bot der politischen Öffentlichkeit mehr Reibungsfläche als Friedrich Georg, obwohl beide sich eher als Geistesaristokraten und Naturfreunde jenseits der Politik verstanden.

Da sowohl Rudolf Steiner als auch Friedrichs Georg Jünger jeweils ein sehr lesenswertes Buch über *Friedrich Nietzsche* vorgelegt haben, lassen sich denkerische Gemeinsamkeiten und Unterschiede der beiden Autoren recht schnell und sicher herausarbeiten.

17. Die Macht des Heiligen

Hans Joas, geboren 1948 in München, ist Soziologe und Sozialphilosoph. Er ist Ernst-Troeltsch-Honorarprofessor an der Theologischen Fakultät der Humboldt-Universität zu Berlin sowie Professor für Soziologie an der Universität Chicago. Schwerpunkte seiner Arbeit sind der amerikanische Pragmatismus, die Religionssoziologie und die Soziologie von Krieg und Gewalt sowie der Wertewandel in der modernen Gesellschaft. Für seine Studien wurde er vielfach ausgezeichnet.

Sein vorliegendes, umfangreiches Buch ‚Die Macht des Heiligen' basiert u.a. auf den Vorlesungen im Sommersemester 2012 an der Universität Regensburg unter dem Titel ‚Sakralisierung und Säkularisierung'. Den Rahmen für diese Vorlesungen bot die Gastprofessur der Joseph-Ratzinger-Papst-Benedikt XVI.-Stiftung, deren erster Inhaber er war. Der Zusammenhang dieses Buches mit einigen vorausgehenden Publikationen ist eng und offensichtlich.

‚Entzauberung' der Welt und Säkularisierung sind Schlüsselbegriffe im Selbstverständnis der Moderne. Doch worum handelt es sich dabei eigentlich? Was genau meinte Max Weber damit? Und sind seine kanonisch gewordenen Vorstellungen vom Bedeutungsverlust der Religion heute überhaupt noch haltbar oder sogar untertrieben? Das vorliegende Buch ‚Die Macht des Heiligen' ist der Versuch, ‚Entzauberung' zu entzaubern. Er setzt sehr grundsätzlich an. Die ersten drei Kapitel beschäftigen sich auf den Gebieten dreier Disziplinen mit den Problemen einer wissenschaftlichen Beschäftigung mit Religion überhaupt. Im ersten Kapitel geht es um die Geschichtswissenschaft (David Hume), im zweiten um die Psychologie (William James) und im dritten um die Soziologie (Émile Durkheim). Aus diesen drei Kapiteln soll ein erstes Bild erwachsen, das Religion auf historisch situierte, menschliche Erfahrungen von etwas, das als heilig empfunden wird, zurückführt.

Erst im vierten Kapitel wendet sich der Autor dann Max Weber und der Geschichte von der Entzauberung zu. Er untersucht eingehend die Thesen der maßgeblichen Soziologen, Max Weber und Ernst Troeltsch. „Beide Gelehrte lassen sich nur schwer einer einzelnen wissenschaftlichen Disziplin zuordnen; für beide gilt, daß sie von substantiellen Fragen so angetrieben, ja besessen waren, daß sich ihre Arbeit der disziplinären Zuordnung entzieht. Troeltsch sprach sogar selbst davon, daß er mit seinem Werk zur Geschichte des Christentums nichts Geringeres geleistet habe als die Schaffung einer ‚neuen Disziplin.'" (Joas 2017/S.167) Troeltsch erkundete die Möglichkeiten für ein vitales Christentum unter radikal gewandelten Bedingungen in der europäischen Kultur. Den Atheismus sah er als ein vorübergehendes Phänomen. Weber war kein engagierter Kritiker des Christentums, sondern religiös eher unmusikalisch.

Im fünften Kapitel untersucht Joas die Transzendenz als reflexive Sakralität, dabei beginnt er mit der ‚Achsenzeit' als fundamentaler Einschnitt in die Religionsgeschichte. Nach Karl Jaspers ist der Zeitraum um die Mitte des letzten vorchristlichen Jahrtausends der Ursprung aller Weltreligionen und damit ein sehr wichtiges Arbeitsfeld für die historische Sozialwissenschaft. Nachdem der Begriff der Entzauberung eingehend problematisiert wurde, geht es in einem weiteren Kapitel und die Begriffe Differenzierung, Rationalisierung und Modernisierung. Hier verschärft nun Joas seine Kritik: „Es ist gedacht als Warnung vor *gefährlichen* Prozeßbegriffen, vor Begriffen also, die die Soziologie in die Irre führen, wenn sie ihren Gegenwartsanalysen damit ein historisches Fundament zu geben versuchen, und die ihre schädliche Wirkung über die Grenzen des Faches hinaustragen, wenn andere etwa Historiker, in ihnen sozialwissenschaftlich bewährte theoretische Orientierung zu finden meinen." (Joas 2017/S.356)

Das folgende Kapitel skizziert eine Alternative zur Geschichte von der Entzauberung. Es setzt noch einmal elementar an und führt die zentralen Gedanken einer Theorie des Heiligen beziehungsweise der Sakralisierungsprozesse und der Selbstsakralisierung an. Die Macht des Heiligen zeigt sich bei der Rechtfertigung wie bei der Infragestellung politischer und sozialer Macht, weil die Bindung der Menschen an das von ihnen erfahrene Heilige eine ihrer stärksten Motivationsquellen darstellt. „Leitfaden für die Entwicklung einer Alternative zur Geschichte von der Entzauberung muß deshalb das Wechselspiel von vielfältigen Prozessen der Sakralisierung mit vielfältigen Prozessen der Machtbildung sein und nicht etwa die Geschichte der Wissenschaft oder des Erkenntnisfortschritt der Menschheit… Der Begriff der Sakralisierung bezeichnet eben nicht einen einheitlichen welthistorischen Prozeß, sondern eine unüberschaubare und unprognostizierbare Vielfalt solcher Prozesse. Die Alternative zur Geschichte von der Entzauberung kann deshalb auch nicht in deren einfacher Umkehrung besteht, wie die Rede von ‚Verzauberung' oder ‚Wiederverzauberung' der Welt insinuiert." (Joas 2017/S.445)

Max Weber hat seine berühmte Entzauberungsthese mithilfe der verstehenden Methode gewonnen. Im Sinne einer immanenten Kritik wäre es auch möglich, die Gegenthese zu erhärten. Zumal Länder wie Polen und die USA moderne Länder sind, die mit religiösen Überzeugungen in der Öffentlichkeit offensiv umgehen. Joas hat diesen Weg nicht gewählt. Er stützt sich auf den Pragmatismus und will daraus eine bedeutsame Religionssoziologie entwickeln. Deshalb setzt er sich mit den bedeutendsten Religionshistorikern und -soziologen minutiös auseinander: David Hume, Émile Durkheim, William James, Max Weber und Ernst Troeltsch. Das sind die methodisch anspruchsvollsten Passagen des Buches.

Hans Joas hat in diesem Buch und in vorigen Schriften die Entzauberungsthese von Max Weber einer gründlichen Analyse unterworfen. Er wendet sich zu Recht gegen die Weberschen Zwangsläufigkeitsvorstellungen und plädiert für einen offenen Prozess. „Das Verhältnis von Sakralität und Macht, Religion und Politik bleibt damit ein Spannungsverhältnis, das immer neue konkrete Auflösung hervorbringt, aber nie als solches verschwinden wird." (Joas 2017/S.446) Diese Hypothese von Joas wird dem historischen, weltweiten Prozess eher gerecht als das bisherige Paradigma. Religion wird auch in der Moderne ein zentrales Thema bleiben. Der Begriff der Heiligkeit wird wissenschaftlich vielfach mit dem Unsagbaren und Ewigen verbunden, eine andere Umschreibung wäre die Existenz einer höheren Welt. Heiligkeit kann man auch mit dem Umfassenden verbinden, mit Phänomenen jenseits von Raum und Zeit. Joas stützt sich sehr stark auf den Pragmatismus. Es wäre sehr interessant zu erfahren, wie der Pragmatismus diese Akzentuierungen des Heiligen integrieren kann. Hans Joas hat einen tief fundierten Entwurf vorgelegt, der weit über die Entzauberung der Modernisierungsthese hinausgeht.

Literatur

Joas, Hans: Die Sakralität der Person. Eine neue Genealogie der Menschenrechte, Berlin 2011

Joas, Hans: Glaube als Option. Zukunftsmöglichkeiten des Christentums, Freiburg 2012

Joas, Hans: Was ist Achsenzeit? Eine wissenschaftliche Debatte als Diskurs über Transzendenz, Basel 2014

Joas, Hans: Die Macht des Heiligen. Eine Alternative zur Geschichte der Entzauberung, Berlin 2017

Illich, Ivan: In den Flüssen nördlich der Zukunft. Letzte Gespräche über Religion und Gesellschaft mit David Caley, München 2006

Nasr: Seyyed Hossein: Die Erkenntnis und das Heilige (Knowledge and the Sacred 1981), deutsche Ausgabe, München 1990

Strauss, Botho: Allein mit allen. Gedankenbuch, München 2014

18. Eigentum, Zakat, Riba

Eigentum

Aufgrund der Globalisierung ist das Interesse an der islamischen Wirtschaftsauffassung gewachsen. Während noch Max Weber die wirtschaftshemmenden Faktoren des Islam betonte, geht man heute mehr oder minder vom Gegenteil aus (Nienhaus 1999). In der islamischen Wirtschaftsauffassung existiert eine Reihe von ökonomischen Basisbegriffen: Eigentum, Zins, Armensteuer etc. Als primäre Quelle und sekundäre Quelle gelten der Koran, die Sunna und der Konsens der islamischen Experten.

Eigentum kann grundsätzlich in der islamischen Wirtschaftsauffassung (Chain 2000/Müller 2002) in drei Erscheinungsformen auftreten:

- Eigentum an einer Sache: 'Ain, Ragaba

- Eigentum an der Nutzung einer Sache: Manfa'a

- Eigentum an einer Forderung: Dain

„Vollständiges Eigentum liegt dann vor, wenn das Substanzeigentum mit dem Nutzungseigentum an derselben Sache zusammenfällt. Wenn also der Eigentümer alleinige Verfügungs-, Nutzungs- und Ausschließungsrechte an einer Sache hat, die er veräußern, verpfänden, vermieten, verschenken oder auch selbst nutzen kann. Die Übertragung des Substanzeigentums an andere erfolgt durch Kauf, Schenkung und Vererbung. Um vollständiges Eigentum handelt es sich, wenn das Substanzeigentum und das Nutzungseigentum an derselben Sache getrennt bestehen, so dass das erstere dem Eigentümer und das letztere seinem Vertragspartner gehört." (Dalkusu 1999/S.42)

Güter kann man in freie und in private Güter einteilen. Freie Güter unterliegen nicht der Herrschaft von Privatpersonen, sondern sind entweder zur Aneignung oder zur Nutzung frei verfügbar. Die zur Aneignung freien Güter – herrenlose Böden, Wildfrüchte, Jagd- und Meerestiere – können privatisiert werden. Die zur Nutzung freien Güter sind Gemeingüter: Luft, Sonnenlicht, öffentliche Gewässer, evtl. Bodenschätze. Alle Menschen haben zu den freien Gütern die gleichen Nutzungsrechte.

Private Güter sind entweder rechtmäßig privatisierte freie Güter oder produzierte Güter: Brot, Kleidung, Häuser, Bücher etc. Die menschliche Arbeit ist Voraussetzung für private Güter. „Dabei wird unter Arbeit die unternehmerische Arbeit oder die Lohnarbeit verstanden. Die unternehmerische Arbeit ist die eigentumsbegründete Arbeit. Diese kann allein oder zusammen mit Kapital produktiv wirksam werden. Wird sie allein wirksam, so gehören die durch sie produzierten Güter dem Arbeitenden (Einzelunternehmer). Wird sie in einem partnerschaftlichen Verhältnis mit Kapital wirksam, so wird der Eigentumszuwachs, d.h. der Gewinn zwischen beiden in einem vorher vereinbarten Verhältnis geteilt." (Dalkusu 1999/S.53) Das Eigentum soll dauerhaft, effizient, sozialverpflichtend und naturschützend genutzt werden. Geschieht dies nicht, kann der Staat eingreifen.

Zakat

Die Sozialbindung des Eigentum kommt vor allem in der Sozialabgabe (Zakat) zum Ausdruck. Die Sozialabgabe soll vom Vermögen der Eigentümer an die Bedürftigen entrichtet werden. „Wegen solcher Bedürftiger gilt diese Pflicht der Sozialabgabe. Diese beträgt 2,5% p.a. des eigenen Geld- oder Sachvermögens, das sich mindestens ein Jahr im Besitz der Abgabepflichtigen befinden muss. Für die landwirtschaftlichen Erträge liegt der Abgabesatz bei 10% p.a. und für die Bodenschätze bei 2,5% p.a." (Dalkusu 1999/S.62)

Im Lauf der Zeit entstanden eine Fülle von situationsspezifischen Regelungen für Zakat. Der Prophet hatte folgende Objekte aufgelistet, für die Zakat gezahlt werden musste:

„(1) Kamele, Schafe und Kühe, (2) Gold, Silber und Münzen, (3) Weizen, Gerste, Datteln und Trauben, (4) vergrabene Schätze. Unklar ist, ob er auch *Zakat* auf Honig und Handelswaren erhoben hat. Als einer der ersten Kalifen zu entscheiden hatte, ob auch für Pferde *Zakat* zu zahlen ist, entschied er nur diese Frage und ließ es offen, ob auch andere Tiere (z.B. Ziegen oder Esel *zakat*pflichtig werden könnten." (Nienhaus 1999/S.94-95)

Es gibt allerdings auch Bestrebungen, die Zakat-Regeln durch allgemeine Prinzipien zu ersetzen. „Zeitgenössische islamische Ökonomen neigen dazu, mit der Tradition der fallweisen Weiterentwicklung des Rechts zu brechen und stärker die Anwendung allgemeiner Prinzipien zu verlangen. Den Hintergrund für solche Forderungen bilden Konsequenzen der pragmatischen Rechtsentwicklung, die als eklatant ungerecht empfunden werden." (Nienhaus 1999/S.95)

Bodenordnung

Der Boden ist nicht auf den Menschen angewiesen, im Gegenteil. Der Mensch braucht den Boden als Lebensraum und als Produktionsfaktor. Außerdem regeneriert sich der Boden ständig neu, während die Verweildauer eines Menschen auf dem Boden begrenzt ist. Ausgehend von dieser Beurteilung wird unterschieden zwischen widerrufbaren (konditionalen) Eigentumsrechten am Boden und unwiderrufbaren (definitiven) Eigentumsrechten an übrigen privaten Gütern. Der Boden unterliegt einer Nutzungspflicht. Wird er drei Jahre nicht genutzt, erlischt das Eigentumsrecht für den jeweiligen Eigentümer. Das Bodeneigentum kann Privateigentum und Staatseigentum sein. Privateigentum an Boden soll so aufgeteilt werden, dass der Eigentümer es selbst bewirtschaften kann, dadurch soll Spekulation vermieden werden.

Der Staat kann das Staatseigentum selber nutzen oder gegen eine Steuer nutzen lassen (Ikta) oder für gemeinnützige Zwecke als Stiftungseigentum (Waaf) bereitstellen.

„Über die Regelung der Eigentumsrechte an Bodenschätzen bestehen unterschiedliche Lehrmeinungen. Während die *hanafitische* Lehre das Privateigentum an sämtlichen Bodenschätzen grundsätzlich zulässt, hält die *skafitische* und *hanabalitische* Lehre das Privateigentum lediglich an Erzmetallen im privaten Boden für möglich, während die übrigen Bodenschätze als Gemeingüter gelten. Gemäß *malikitischer* Lehre gehören, anders als nach anderen Lehren, sämtliche Bodenschätze zum Staatseigentum." (Dalkusu 1999/S.78)

Riba

Das Riba- und Zinsverbot wird auf den primären Rechtsquellen des islamischen Rechts begründet. Riba bedeutet Vermehrung, Zuwachs bzw. Mehrwert. Der Begriff Riba meint eine ungerechtfertigte Bereicherung, das bedeutet, dass Leistung und Gegenleistung nicht adäquat sind. „Im besonderen steht *Riba* für ungerechtfertigten Mengenüberschuss bei Tauschgeschäften *(Riba al Fadl)* sowie für ungerechtfertigten Zinsvorteil mit oder ohne Mengenüberschuss resp. Zinsgewinne bei Kreditgeschäften *(Riba al- Nasial).*" (Dalkusu 1999/S.100)

Man kann das klassische Riba-Konzept und das Riba im weiteren Sinne unterscheiden.

Beim klassischen Riba-Konzept gibt es Erscheinungsformen von Riba und ribafreie Transaktionen. Gründe für Riba: „Liegen bei einem Tausch *Riba*-Gründe vor, so kann *Riba* entstehen, wenn die Tauschobjekte in ungleichen Mengen getauscht werden. Riba-Gründe sind dann gegeben, wenn die tauschenden Objekte der gleichen Gattung zugehören und/oder Übereinstimmung in der Messbarkeit und/oder Eigenschaft (Geld- oder Nahrungsmitteleigenschaft) aufweisen." (Dalkusu 1999/S.106) Riba im weiteren Sinne wird auf sämtliche Handlungen auf gesamtwirtschaftlicher Ebene bezogen, die der Bereicherung dienen.

Weisen die zu tauschenden Güter (Ware gegen Ware) keine Riba-Gründe auf, so ist der Überschuss gerechtfertigt. Das gilt auch bei Ware-Geld-Geschäften. Ribafreie Kreditgeschäfte: Weist ein Gütertausch auf Kredit keinen Ribagrund auf, so ist dieser ribafrei. Der Kreditkauf ist ebenso ribafrei.

Murabaha ist ein häufig benutztes Fremdfinanzierungsmittel im muslimischen Bankwesen. Es ist ein doppeltes Kaufgeschäft mit einem vorher vereinbarten Gewinnaufschlag. Aus der Sicht des Unternehmens ist es eine Form der kurzfristigen Unternehmungsfinanzierung. Ein Agent wird dazwischengeschaltet, der auf eigene Rechnung arbeitet. Gegen den Zins gibt es sozial-ethische und ökonomische Gründe. Die Darleihe wird als Wohltätigkeit betrachtet. Damit steht jedes wirtschaftliche Motiv im Widerspruch zum Solidaritätsprinzip. Aus ökonomischen Gründen ist der Zins ein Missbrauch. Dabei wird Geld als Wertmesser und Tauschmittel gesehen und nicht als ein zu begehrendes Ziel. Geld soll den Wirtschaftskreislauf stärken und nicht durch Verknappung die ökonomischen Aktivitäten stören.

Um die Riba- und Zinsproblematik zu umgehen, hat man im islamischen Bankwesen Partnerschaftsfinanzierungen mit Gewinn- und Verlustbeteiligung als Alternative zu Zinstechniken praktiziert. Dies hat aber zu unvertretbaren Risikokumulationen bei den Banken geführt. Deswegen haben sich eher Handelsfinanzierungen durchgesetzt, bei denen die Banken für ihre Kunden Waren einkaufen und sie mit einem Zahlungsziel zu einem fest vereinbarten Gewinnaufschlag an diese weiterverkaufen (Aufschlagsfinanzierung). „Die meisten islamischen Banken des arabischen Raums benutzen Varianten der Aufschlagstechnik zur Finanzierung von Objekten des Umlauf- und Anlagevermögens von Unternehmen, während Einleger, die Geld auf Bankkonten einzahlen, am Gewinn und Verlust der Bank beteiligt sind." (Nienhaus 1999/S.97)

Wirtschaftsordnung

Während Leipold (2003) in Anlehnung an Max Weber eher die entwicklungshemmenden Momente des Islam aufgrund seiner holistisch-theonomen Gesellschaftskonzeption betont, sieht Nienhaus (1999) diese Bedenken nicht. „Die wenigen Fakten der Studie, die wohlgemerkt von arabischen Experten verfasst wurde, lesen sich als Bestätigung der hier vertretenen These von der entwicklungshemmenden Relevanz des Islam. Der im Zuge der frühen theologischen, rechtlichen und politischen Debatten erfolgte Ausbau des Glaubens zur Festung der islamischen Gemeinde hat zur Verfestigung des Denkens beigetragen und den freien Gebrauch der Vernunft, damit auch die Wirtschaftsentwicklung gehemmt." (Leipold (2003/S.147)

Die islamische Wirtschaftsauffassung enthält dagegen nach Nienhaus (1999/92), der eine exegetische Methode vertritt, eine grundsätzlich positive Einstellung zur Wirtschaft:

- Persönliche Leistung hat einen hohen Stellenwert.

- Legitim erworbener Reichtum wird nicht abgelehnt. Luxuskonsum ist verpönt, gemäßigter Konsum und soziale Verwendung von Überschüssen ist verdienstvoll.

- Der absolute Eigentümer aller Dinge ist Allah. Der Mensch hat nur Nutzungsrechte.

- Die Einkommens- und Vermögensungleichheit soll notfalls durch den Staat korrigiert werden.

- Privateigentum an Produktionsmitteln ist anerkannt.

- Der Staat soll für stabiles Geld und Infrastruktur sorgen.

- Bedürftige haben ein Recht auf die Armensteuer: Zakat.

- Erst eine Kombination mit Arbeit erlaubt es Boden- und Kapitaleignern, ein legitimes Eigentum aus ihren Faktoren zu ziehen. Arbeit ist produktiv und hat ebenfalls ein Entlohnungsrecht.

- Unsoziale Handlungsweisen sind verboten: z.B. Glücksspiel, Spekulationsgeschäfte.

Eine Marktwirtschaft ist also innerhalb der islamischen Ethik möglich. Durch Angebot und Nachfrage können freie Preise entstehen, die den tatsächlichen Wert einer Ware ausdrücken. Der Markt ermöglicht es, dass Dinge produziert werden, die den Bedürfnissen der Menschen entsprechen. Der Marktwirtschaft sind aber durch die Einheit von Recht und Moral des Islam klare Grenzen gesetzt. „So sind z.B. Preissetzungen des Staates möglich. Auch hier zeigt sich, dass dem Markt nur eine Hilfskonstruktion zukommt, er nur Mittel zum Zweck, aber kein Selbstzweck ist. Eigentlicher Zweck des Wirtschaftens ist die eigene Versorgung unter Einbeziehung einer Verantwortung des Einzelnen für die gesamte Gesellschaft, des Starken für den Schwachen. Bezüglich der Wirtschaft hat der Staat im Islam die Aufgabe, die Einhaltung der Gesetze zu kontrollieren und durchzusetzen sowie einen sozialen Ausgleich zu schaffen." (Kalisch 2003/S.114)

Literatur

Dalkusu, Ibrahim Nedim: Grundlagen des zinslosen Wirtschaftens. Eigentum, Geld, Riba und Unternehmensformen nach den Lehren des Islam, St. Gallen 1999
Chain, Hassan: Chancen und Risiken im islamischen Bankwesen, Freiburg 2000

Kalisch, Mohammed: Islamische Wirtschaftsethik in einer islamischen und in einer nichtislamischen Umwelt, Marburg. In: Nutzinger, Hans, G.: Christliche, jüdische und islamische Wirtschaftsethik 2003, S.105-129

Leipold, Helmut: Wirtschaftsethik und wirtschaftliche Entwicklung im Islam, Marburg. In: Nutzinger, Hans (Hg.): Christliche, jüdische und islamische Wirtschaftsethik 2003, S.131-149

Müller, Herta: Marktwirtschaft und Islam, Baden-Baden 2002

Nienhaus, Volker: Islam, Wirtschaftsethik und Entwicklung, in: Islam – eine andere Welt, Studium Generale, Universität Heidelberg 1999, S.89-103

Nutzinger, Hans: Christliche, jüdische und islamische Wirtschaftsethik: über religiöse Grundlagen wirtschaftlichen Verhaltens in der säkularen Gesellschaft, Marburg 2003

19. Der Mensch zwischen Himmel und Erde:
Betrachtungen zu Seyyed Hossein Nasr und Ivan Illich

Für Seyyed Hossein Nasr und Ivan Illich ist der Mensch ein Wesen zwischen Himmel und Erde. Er soll mit beiden Beinen auf der Erde stehen, sein Kopf ragt in den Himmel. Beide Denker kann man als Mystiker bezeichnen; Nasr als einen islamischen Mystiker und Illich als einen christlichen. Mystik bedeutet hier nicht ein diffuses Raunen, sondern eine klare religiöse Denkerei. Beiden ist demnach das Heilige nicht fremd. Über das Heilige zu sprechen, ist heutzutage nicht ganz ungefährlich. „Wie Senancour bin ich der Meinung, dass die Unterdrückung religiösen Empfindens ein großes Unglück für die Geschichte der menschlichen Vernunft darstellt. Über beinahe alles ist mit den intelligenten Zeitgenossen zu reden, nur nicht über ein metaphysisches Problem. Man spürt allgemein eine Scheu, über derlei zu sprechen, die nicht ganz geheuer ist. Fluchend, blasphemisch, tabuverletzend darf man sich jederzeit auslassen. Aber die ernste Überzeugung stößt ab und macht verlegen, wie eine üble Zote. Die satirische Intelligenz hat hier ihre Schamgrenze." (Strauß 2014/S.140)

Seyyed Hossein Nasr (geb. 1933 in Teheran) ist ein bedeutender islamischer Philosoph. Er ist der Autor von mehr als 50 Büchern und 500 Artikeln auf Persisch, Englisch, Arabisch und Französisch über den Islam und den Sufismus. Er gilt weltweit als einer der einflussreichsten islamischen Gelehrten. Er hat das Heilige in seinen Gifford-Vorlesungen thematisiert. Mit den Gifford Lectures, die erstmals im Jahre 1889 an der Universität von Edinburgh gehalten wurden, sind die Namen eines der berühmtesten Theologen, Philosophen und Wissenschaftler Europas und Amerikas verknüpft. Die Vorlesungen haben einen nachhaltigen Einfluss in der modernen Welt hinterlassen.

Nasr hielt als erster Muslim die prestigeträchtigen Gifford-Vorlesungen an der Universität von Edinburgh der Jahre 1980/81 dem Titel ‚Knowledge and the Sacred' (‚Die Erkenntnis und das Heilige' 1990). Er stellt sich in seinen zehn Vorlesungen und dem dazu veröffentlichten Buch die Aufgabe, die traditionelle Perspektive der jahrtausendealten Zivilisation des Orients darzustellen. Er will dem westlichen Publikum nicht moderne Ideen aus zweiter Hand vortragen, sondern den ewigen Kern der orientalischen Tradition ausführen, der auch den

Kern jeglicher Tradition überhaupt bildet, unabhängig davon, ob sie im Osten oder im Westen entstanden ist. Mit dieser Konzeption will er den bisherigen Gifford Lectures, die nur eine westliche Position in Philosophie, Religion und Wissenschaft darlegten, bewusst eine orientalische Gegenposition für Orient und Okzident verkünden.

Bereits im Vorwort erfährt der Leser eine klare Wasserscheide: „Im Orient war Erkenntnis immer mit dem Heiligen und der spirituellen Vervollkommnung verbunden. Erkenntnis bedeutete letztlich, durch den Erkenntnisprozess selbst transformiert zu werden, wie es auch die westliche Tradition über die Jahrhunderte hin bekräftigte, bis es durch die nachmittelalterliche Säkularisierung und den Humanismus verdunkelt wurde, die die Trennung der Erkenntnis vom Sein und der Intelligenz vom Heiligen erzwangen." (Nasr 1990/S.7-8) Es geht um die Erkenntnis des Heiligen, des Ewigen, des Unendlichen in den Weisheitslehren, den esoterischen Philosophien und den traditionellen Religionen in Ost und West. Nasr will aufzeigen, dass diese für ihn evidente Vorstellung in den westlichen Wissenschaften bekämpft wird. Nasr setzt sich vehement und mit aller Emotionalität dafür ein, dass das Heilige die Basis allen Erkennens wieder bilden muss. Unterhalb dieser Ebene geht es für ihn nicht. Nasr trifft hier einen wunden Punkt der westlichen Kultur. „Schlimm ist die theologische Stumpfheit in den Kreisen der herrschenden Intelligenz trotz Benjamin, Scholem, Bloch. Natürlich ist sie eine Folge der Ausmerzung, Verödung religiösen Verstehens. Schlimmer wäre allerdings die Ausschlachtung des theologischen Denkpotentials als intellektuelle Modeströmung." (Strauß 2014/S.141-142)

Nach Nasr hat nicht nur eine auszehrende Säkularisierung im Westen in den letzten Jahrhunderten stattgefunden, sondern ehrlicherweise auch im Osten, die zum Teil vom Westen aus auch unterstützt wurde. „In den beiden letzten Jahrhunderten haben zahllose westliche Orientalisten gewollt oder ungewollt an der Säkularisierung des Ostens durch Zerstörung seiner Traditionen mitgewirkt, indem sie dessen heilige Lehren einer historizistischen, evolutionistischen, szientistischen und all den anderen Betrachtungsweisen unterzogen haben, die das Heilige auf das Profane reduzieren…Darüber hinaus waren diese gelehrten Bemühungen kaum von der Liebe zum Gegenstand oder von Nächstenliebe getragen, trotz vieler bemerkenswerter und rühmlicher Ausnahmen, die Werke der Liebe waren und wertvolle Studien zu verschiedenen Aspekten der orientalischen Zivilisation geliefert haben. Die meisten Arbeiten moderner Gelehrter über den Osten sind die Frucht eines säkularisierten Verstandes, der sich zergliedernd Traditionen heiligen Charakters nähert." (Nasr 1990/S.8)

Der Autor hat sich sehr ehrgeizige Ziele gesetzt. Er will aufzeigen, dass dieser Verfallsprozess in Ost und West umgekehrt werden muss. „Die vorliegende Arbeit dient in gewisser Hinsicht der Umkehrung dieses Prozesses. Sie sieht ihren Zweck in der Wiedererweckung der heiligen Qualität der Erkenntnis und Wiederbelebung der wahren geistigen Tradition des Westens aus dem Geiste der noch lebendigen Tradition des Orients, in denen die Erkenntnis niemals vom Heiligen getrennt war." (Nasr 1990/S.8)

Botho Strauß hat das Problem auf seine Weise formuliert: „Wir haben die Bücher der Offenbarung gelesen wie Do-it-yourself-Anweisungen. Wir haben die Weissagungen geplündert und alles hinuntergezerrt, was uns eigentlich hinaufziehen sollte. Eins nach dem anderen selbst in die Hand genommen, nachgebaut, selbstgemacht. Heilsgeschichte vergesellschaftet. Endzeit erfolgreich militarisiert. Abstieg des religiösen Stoffs in den Weltbetrieb. Und bildet dort mit den Vernünften ein unschönes Gemenge. Wie ließen sich aber diese Geister je sich wieder scheiden? Es gibt wohl den Drang des Menschen, den rohen Klumpen wieder auszuwerfen, den Glaubensstoff zu isolieren und wieder gegenüber zu haben: das Ganz Andere." (Strauß 2014/S.134)

Nasr scheidet die Geister in den pontifikalen und den prometheischen Menschen. Er vereint den Glaubensstoff unter der klassischen Chiffre des Heiligen. Der pontifikale Mensch bildet die Brücke zwischen Himmel und Erde. „Der pontifikale Mensch, der in dem hier gemeinten Sinne kein anderer als der traditionelle Mensch ist, lebt in einer Welt, die sowohl einen Ursprung als auch eine Mitte hat. Er lebt im vollen Bewusstsein des Ursprungs, der seine, des Menschen eigene Vervollkommnung enthält und dessen Ureinheit und Ganzheit er nachzuahmen, wiederzufinden und weiterzugeben sucht." (Nasr 1990/S.216) Er lebt in Gott.

Der prometheische Mensch dagegen lebt ganz im Säkularen, er rebelliert gegen den Himmel und maßt sich die Rolle der Gottheit an. Er schafft sich eine künstliche Welt. „Ein solcher Mensch betrachtet das Leben als einen großen Marktplatz, auf dem er bummeln und sich nach Belieben bedienen kann. Weil er den Sinn für das Heilige verloren hat, gerät er in den Strudel der Flüchtigkeit und

Vergänglichkeit und wird zum Sklaven seiner eigenen niederen Natur, unter deren Joch sich zu begeben er für Freiheit hält." (Nasr 1990/S.217-218)

Die traditionelle Welt ist für Nasr die Welt der Weisheitslehren in Ost und West, das Alte und Neue Testament, der Koran, der esoterische Platon, die Kirchenväter, die Mystiker und Theosophen. Renaissance, Aufklärung und Humanismus sind die Abkehr von der Urweisheit und eine Sackgasse. Immanuel Kant ist ein Mensch, der Raum und Zeit thematisiert, aber die Ewigkeit vergisst. Die moderne Naturwissenschaft ist zu begreifen als eine Veräußerlichung der Welt, die die innere Substanz des Daseins aufs Spiel setzt und zudem banale Behauptungen über Ursprung, Sinn und Ziel der Geschichte liefert. Der Protestantismus wird durch seine Vorliebe zur Entzauberung wenig geschätzt. Im Katholizismus wird das Festhalten am Heiligen hervorgehoben. Der in katholischen Kreisen hoch angesehene Jesuit Pierre Teilhard de Chardin mit seiner spirituellen Evolutionstheorie und seiner Synthese von Religion und Wissenschaft wird aber bereits kritisch gesehen, weil der das Heilige relativiert. Nasr sieht die theosophische Bewegung positiv mit Ausnahme des Kreises um Helena Petrowna Blavatsky. In dieser okkultischen Strömung sieht er eher eine Verflachung indischer Philosophie.

Im Cherubinischen Wandersmann von Angelus Silesius finden wir den Zusammenhang von Zeit und Ewigkeit: ‚Zeit ist wie Ewigkeit und Ewigkeit wie Zeit. So du nicht selber machst einen Unterschied.' Der Mensch lebt also in dem Augenblick, in dem sich das Ewige und das Zeitliche begegnen. Durch die Zeit sind wir dem Wandel unterworfen, gleichzeitig sind wir zeitlose Wesen. „Der Mensch steht nicht nur am Schnittpunkt der in ihrer Raumsymbolik betrachteten vertikalen und horizontalen Achsen des Daseins, sondern er lebt auch in dem Augenblick, in dem sich das Ewige und das Zeitliche begegnen." (Nasr 1990/S.294) Das Bewusstsein des Menschen von seiner Sterblichkeit ist in gewissem Sinne der Beweis dafür, dass er für die Ewigkeit geschaffen ist. Der Mensch sehnt sich nach dem Ewigen, nach dem Absoluten, nach dem Heiligen. „Das Ewige ist wie die ursprüngliche Heimstatt der Seele, die diese verloren hat und jetzt überall in ihrem irdischen Exil sucht." (Nasr 1990/S.295) Das Empfinden des Schönen, der Ruhe und des Friedens ist ein Hauch des Ewigen. Der prometheische Mensch lebt vor allem in der Zeit, im Werden, in der Geschichte, begreift sich als einen Teil der Evolution. Der pontifikale Mensch ist der Brückenbauer zwischen Himmel und Erde. Er lebt in der Zeit, aber als Zeuge der Ewigkeit. Das Ewige ist das Heilige an sich. „Dieselbe vernünftige Intuition, die durch die *scientia sacra* ein prinzipielles Wissen von der letzten Wirklichkeit ermöglicht, gewährt auch eine direkte intuitive Erkenntnis des Ewigen." (Nasr 1990/S.296)

Zeit und Raum sind Bedingungen der Körperlichkeit. Die kosmische Wirklichkeit ist durch die Polarisierung von Subjekt und Objekt geprägt. Deswegen gibt es zwei Zeitmodi: die objektive und die subjektive Zeit. Die objektive Zeit umfasst die ewige Zeit, die vier Jahreszeiten, die vier Tageszeiten und die vier Lebensalter. Die subjektive Zeit hängt vom Bewusstsein von Vergangenheit, Gegenwart und Zukunft ab. „Die Zukunft ist mit dem Ideal verknüpft, das erreicht werden soll, das Paradies, in das wir kommen wollen. Sie ist aber auch das Zeichen des Verlustes, der Kindheit und der Unschuld, der Entfernung und Trennung vom Ursprung, der auch Tradition bedeutet. Die Gegenwart schließlich ist das kostbarste Geschenk des Menschen; sie ist der Punkt, an dem sich Zeit und Ewigkeit begegnen; sie symbolisiert Hoffnung und Freude." (Nasr 190/S.298)

Die Ewigkeit ist Ausdruck des Absoluten. Jeder Augenblick ist gleichzeitig Ausdruck der Ewigkeit. Nur der wache Mensch lebt im Augenblick und in der Ewigkeit. Freude und Glück bringen uns näher an die Ewigkeit, Trauer und Schmerz dagegen dehnen die subjektive Zeit. Die Ewigkeit spiegelt sich im gegenwärtigen Jetzt. Im Laufe der Entwicklung hat sich aus dem Ewigen ein Zeitablauf herausgebildet, die Bedingung für historisches Denken.

Da der Islam jedwede Menschwerdung ablehnt, gibt es für ihn nur den zyklischen Zeitbegriff. Die Geburt Christi hat die lineare Zeit ermöglicht und den Götzen Tür und Tor geöffnet. So konnte Marx das Paradies auf Erden versprechen. „Die Anbetung des Mammons war als Geschichte oder geschichtlicher Prozess erst die Folge der Entheiligung der christlichen Welt, aber es war eben diese Säkularisierung des linearen Zeit- und Geschichtsbegriffs, die jenen Historizismus und die Leugnung der Transzendenz der Wahrheit zur Entwicklung brachte, die für das moderne Denken weitgehend typisch sind." (Nasr 1990/S.306)

In allen drei abrahamischen Religionen gab es Theologen, die sagten, die Welt wurde von Gott aus dem Nichts (ex nihilo) erschaffen, dass die Welt einen Ursprung in der Zeit hat. Die traditionelle Philosophie sagt, dass es keine Zeit gab, als die Welt noch nicht war, weil die Zeit eine Bedingung der Welt ist. Sufis gehen von der Erneuerung der Schöpfung in jedem Augenblick aus. Danach erneuert sich das Universum permanent. Die Vergötterung des historischen Prozesses ist eine Folge des Christentums. Das Christentum postuliert die Zielgerichtetheit der Geschichte. „Aus dieser Säkularisierung des christlichen Geschichtsbegriffs gingen nun im Verein mit dem Messianismus jene materialistischen und säkularen Philosophien hervor, denen die Anschauung eigentümlich ist, dass der Mensch durch materiellen Fortschritt jene Vollkommenheit erlangen kann, die traditionell mit dem Paradieseszustand gleichgesetzt wurde, mit dem irdischen und dem himmlischen Jerusalem, das im Alpha und im Omega der Geschichte zu finden ist, die auch das gegenwärtige Jetzt sind." (Nasr 1990/S.309)

Durch die Betonung des historischen Prozesses konnte sich der Mensch an die Stelle Gottes setzen. Die Evolutionstheorie wird zum Religionsersatz. Nasr ist strikt gegen die Evolutionslehre, da der Geist immer vor die Materie komme. „Was immer wächst und sich entwickelt, ist die Aktualisierung einer Möglichkeit, die in der göttlichen Ordnung präexistierte, wobei diese Entwicklung oder dieses Wachstum immer eine Essenz betrifft, während die totale Wirklichkeit in der unwandelbaren Welt der Archetypen wohnt." (Nasr 1990/S.311) Die Evolutionslehre vergöttlicht den historischen Prozess. Höhere Lebensformen können nach den Weisheitslehren niemals aus niederen Formen entstehen. „In allen heiligen Büchern steigt der Mensch von einem himmlischen Archetypus herab und nicht von einem Affen oder von einem anderen Geschöpf auf." (Nasr 190/S.313)

Somit wendet sich Nasr auch gegen die Thermodynamik und das Entropiegesetz. „Was die Argumente aus dem Bereich der Physik betrifft, so weiß man sehr wohl, dass Lebensformen ihre Ordnung und Struktur in einer Weise aufrecht erhalten und die für die Lebensfunktionen notwendige Energie in einer Weise einsetzen, die dem zweiten Hauptsatz der Thermodynamik vollkommen widerspricht. Das Auftreten komplizierter Lebensformen auf der Erde in späteren Lebensphasen der Erde widerspricht dem Gesetz der Entropie und weist darauf hin, dass eine andere Energieart im Spiel sein muss." (Nasr 1990/S. 314)

Die Evolutionslehre ist nach Nasr verantwortlich für die Entheiligung des Wissens. Somit grenzt er sich auch scharf gegen die Lehre von Teilhard de Chardin ab, der Christentum und Evolutionslehre verbinden will. „Aus traditioneller Sicht ist die Lehre Teilhards eine Idolatrie, die die Endphase der Entheiligung des Wissens und des Seins darstellt, die Erosion des Ewigen durch den Zeitprozess, wenn dies denn möglich wäre." (Nasr 1990/S.318) Das Ewige kann nicht durch das Zeitliche ersetzt werden, das Zeitliche ist Teil des Ewigen.

Die heilige Erkenntnis kann nach Nasr auf zweifache Weise gewonnen werden: durch die Offenbarung und die Vernunfterkenntnis. Vernunfterkenntnis oder geistige Intuition ist die Erleuchtung von Geist und Seele des Menschen. Sie ist nicht das Ergebnis der Denkfähigkeit, sondern der menschliche Geist empfängt die Wahrheit durch eine spirituelle Erfahrung. „Die Wahrheit kommt über den Geist wie ein Adler, der auf einem Berggipfel landet oder sie sprudelt hervor und durchtränkt den Geist wie eine verborgene Quelle, die plötzlich zur Oberfläche hervorbricht." (Nasr 1990/S.178) Nicht jeder ist für den Adler empfänglich.

Die scientia sacra ist die Metaphysik, das letzte Wissen von der Wirklichkeit. Die westliche Denkungsart hat nach Nasr die Metaphysik als Teil der Philosophie begriffen und beschäftigt sich daher nicht mehr mit dem heiligen Wissen. Die westliche Einstellung hat deswegen eine Metasprache für die Metaphysik entwickelt, die aber nicht notwendig ist, wenn man die Metaphysik als Teil der heiligen Erkenntnis begreift. „Auf die Frage, was Metaphysik ist, könnte man zunächst antworten: Sie ist die Wissenschaft vom Wirklichen oder, genauer gesagt, das Wissen, das den Menschen befähigt, zwischen dem Wirklichen und der Täuschung zu unterscheiden und die Dinge in ihrem Wesensgrund, d.h. letztlich *in divinis* zu erkennen." (Nasr 1990/S.180-181)

Das Wissen vom Urgrund ist das Kernprinzip der Metaphysik. Die Erkenntnis des Urprinzips ist Wissen vom Heiligen, vom Absoluten, vom Unendlichen. Die Welt ist letztlich gut. Die Qualität des Absoluten spiegelt sich in der Existenz der Dinge: in der unendlichen Ausdehnung des Raumes, der Zeit, in der unendlichen Vielfalt der Dinge, in der Vielfältigkeit der Materie und in der Unendlichkeit der Zahl. „Die Metaphysik unterscheidet nicht nur zwischen dem Wirklichen und dem Scheinbaren, zwischen Sein und Werden, sondern auch zwischen Abstufungen des Daseins." (Nasr 1990/S.186) Die hierarchische Struktur der Welt ist die These aller Weisheitslehren.

Wenn die Wirklichkeit erkannt werden kann, gibt es auch die Illusion, den Schleier über der Wirklichkeit. „Das Sein als Möglichkeit ist selbst der höchste Schleier der Wirklichkeit, die in sich nicht nur unendlich, sondern auch absolut ist, jene Essenz, die jenseits aller Bestimmungen ist." (Nasr 1990/S.190) Nasr kritisiert westliche theologische Vorstellungen und bezeichnet sie als formale Theologie. Diese trenne den Schöpfer vom Geschaffenen und gibt sich damit in die Welt der Täuschung. Dies ist nach dem heiligen Wissen nicht möglich. Denn Schöpfer und Geschaffenes sind eins. Eng mit der Täuschung verknüpft ist das Böse. Wie kann das Absolute das Böse schaffen oder wollen? Da es nicht nur das Absolute, sondern auch das Relative gibt, ist das Böse möglich. Es ist aber begrenzt, wohingegen das Gute unbegrenzt ist. „Diese Lehre erklärt das Böse als Ferne und Trennung vom Guten und als ein Element, das an einem größeren Guten mitwirkt, auch wenn in einer bestimmten Umgebung oder einer bestimmten Daseinsebene das Böse durch Mangel oder Übermaß das Böse bleibt." (Nasr 1990/S.195-196)

Eng verbunden mit dem Bösen ist auch die Frage nach dem freien Willen des Menschen. Dies ist einer Frage nicht der absoluten, sondern der relativen Ebene. „In Gott ist reine Freiheit und reine Notwendigkeit, und nur in ihm ist der Mensch vollständig frei und auch vollständig determiniert; diese Determinierung aber, die nur die innerste Natur des Menschen und die Wurzel seines Seins ist, ist nichts anderes als die andere Seite der Freiheit, total und unbedingt." (Nasr 1990/S.197)

Die Vernunft ist ein Gottesgeschenk, mit ihrer Hilfe kann der Mensch den Schleier der Wirklichkeit durchdringen. Sie ist ein Lichtstrahl. Sie ist nicht das Denken, sondern die Mitte des Bewusstseins. „Die Rolle und die Funktion des Verstandesdenkens und der Gebrauch der Logik in der Metaphysik und der profanen Philosophie sind völlig verschiedene Dinge, so verschieden wie die Anwendung der Mathematik bei der Rosette der Kathedrale von Chartres oder der Kuppel einer der Moscheen von Isfahan einerseits und bei einem modernen Wolkenkratzer andererseits." (Nasr 1990/S.199)

Obwohl der Mensch vernunftbegabt ist, braucht er die Offenbarung, um zur Weisheit zu gelangen. Der Sitz des Verstandes sind das Herz und der Glaube. Im Herzen fällt immer auch Erkenntnis mit Liebe zusammen. Der rationale Verstand kann das Göttliche nicht erkennen. „Ein Geist, der vom Lichte der Herzensintelligenz abgeschnitten ist und Gott finden möchte, übersieht, dass das Licht, mit dem er Gott entdecken will, selbst ein Strahl des Lichtes Gottes ist. Ein solcher Geist muss natürlich wie ein Irrender in der Wüste sein, der mit der Lampe im hellen Tageslicht die Sonne sucht." (Nasr 1990/S.204)

Eine heilige Wissenschaft muss sich auch adäquater Sprache und Symbole bedienen. Sie ist nicht nur eine theoretische Darlegung zur Erkenntnis der Wirklichkeit, sondern will den Menschen erleuchten und zum Heiligen führen. Sie ist ein Samen, der dem Menschen in Verstand und Herz eingepflanzt wird. Daraus soll eine schön duftende und geheiligte Pflanze werden.

Seyyed Hossein Nasr war mit Ivan Illich befreundet. Er schätzte seine tiefe Verwurzelung im Christentum und den darauf aufbauenden Kulturkritiken an der westlichen Zivilisation. Leider kommt dieser Aspekt nur in einer Fußnote einer Vorlesung zum Ausdruck. Die Vorlesungen von Seyyed Hossein Nasr in Edinburgh könnten durch ihre emotionale Radikalität und Thematik eine Möglichkeit bieten, sich die Thesen von Ivan Illich und Rudolf Steiner zu erschließen. Auch Illich hatte aus dem Blickwinkel des 12. Jahrhunderts die Säkularisierung in den Wissenschaften polemisch aufs Korn genommen und witterte die Gefahr des Bösen durch eine ‚gottlose Wissenschaft' (Max Weber). Illich vertrat in seinen letzten Lebensjahren immer stärker eine Kulturkritik, die den Verlust, der durch die Säkularisierung in den westlichen Industriestaaten zu verzeichnen ist, aus der Perspektive mittelalterlicher Mönche in den Vordergrund rückte: Askese, Conspiratio, Philia, Konvivialität, Umsonstigkeit sind dabei seine Schlüsselbegriffe.

Illich wurde Ende der 1960er-Jahre weltweit bekannt durch seine öffentliche Auseinandersetzung mit der katholischen Kirche. Er bewertete die Armutspolitik der Kirche als ungenügend, sie verschwende Spendengelder und führe nur zur Disziplinierung, Abhängigkeit und Entwurzelung. Wegen seiner sozialrevolutionären Theorie und Praxis beschäftigte sich die oberste Glaubensbehörde in Rom mit dem Fall Illich. Einer mündlichen Vorladung verweigerte sich der Verdächtige. Daraufhin schickte ihm das Heilige Offizium einen Fragenkatalog, der von Illich nicht beantwortet, aber veröffentlicht wurde. Dieser Tabubruch führte zum endgültigen Eklat und wurde weltweit von der Presse ausgebreitet. Er einigte sich mit der katholischen Kirche und diese mit ihrem schwierigen Sohn. Er verstand sich weiterhin als Priester mit Brevier, ohne die priesterlichen Funktionen auszuüben.

Der Gelehrte hat seine Kritik an der Institution Kirche in den 1970er-Jahren auf alle Institutionen ausgedehnt. Diese Kritik wurde in zahllosen Publikationen in vielen Sprachen verbreitet. Illich polemisierte gegen die Schulen, Krankenhäuser, Verwaltungen, und staatliche Politiken: Die Einrichtungen selber seien das

Problem. Die Schulen würden die Kinder verdummen und die Krankenhäuser die Krankheiten fördern. Er verband diese Kritik mit einer generellen Analyse der westlichen Industriegesellschaften mit ihrer konzeptlosen Vorstellung von Fortschritt und Wohlstand.

Illich kam Anfang der 1990er-Jahre als Gastprofessor im Rahmen der Karl-Jaspers-Vorlesungen an die Universität Oldenburg und danach an die Universität Bremen, wo er jeweils im Wintersemester lehrte und ansonsten in Mexiko lebte. Er verstarb im Jahre 2002 in Bremen.

Für Ivan Illich war das Christentum eine mystische Tatsache. Er sieht sich in der Nachfolge mittelalterlicher Mönche. Der Sohn Gottes kam auf die Erde und erschien im Fleische. „Ich glaube, dass die Inkarnation ein überraschendes und zugleich neues Erblühen von Liebe und Erkenntnis möglich macht. Christen können nun den biblischen Gott im Fleisch lieben." (Illich 2006/S.71) Es war ein realer Lichteinschlag für alle Menschen und für alle Bereiche. Mit der Inkarnation war aber auch das Böse möglich: das *mysterium iniquitatis*.

Ivan Illich hat deswegen relativ früh gespürt, dass das christliche Leben sich nicht nur auf den religiösen und erzieherischen Bereich konzentrieren muss, sondern die aufkommende Bedeutung von Wissenschaft und Technik thematisieren muss, dass Gut und Böse auch in der Welt zu suchen sind. Dazu hat er Anfang der 1970er-Jahre eine Reihe von Bestsellern verfasst, die die westliche Industriegesellschaft mit Überfluss und Wohlstand parodierte. Er plädierte unausgesprochen für eine Verchristlichung des säkularen Lebens und für eine religiöse Erneuerung aller Individuen in Freiheit. Sein Verhalten war geprägt von ungeheurer theologischer und philosophischer Fachkenntnis, die er im Stile eines Wanderpredigers inszenierte. Das Grundmotiv war christliche Nächstenliebe, war die Haltung, ‚wo zwei in meinem Namen versammelt sind, bin ich mitten unter euch‘. Es ging um gegenseitige Erweckung. Die jeweiligen Themen waren nur Mittel in diesem Prozess.

Diese Arbeit konnte Ivan Illich nur dadurch leisten, dass er in verschiedene Rollen geschlüpft ist. So war er Historiker des 12. Jahrhunderts, Soziologie, Gesellschaftskritiker, apopathischer Theologe usw. Das Unsagbare musste in eine Form gegossen werden, nur dadurch wurde es sagbar. Die verschiedenen Rollen konnten irritieren, da das Zentrum rätselhaft und innerlich blieb.

Die unzähligen Gesprächspartner von Ivan Illich begegneten ihm ihrerseits mit ihren Vorstellungen und Vorurteilen, sodass sich Harmonien und Disharmonien, Verwerfungen und Glückserlebnisse gebildet haben. Gleiches kann aber nur von Gleichem erkannt werden. Botho Strauß hat dieses Verständigungsproblem für die Kunst formuliert. „Es gibt so viele Werke der Kunst, aber nur sehr wenige Menschen, die sich rein halten für ihren Einfluss. Die Läuterung der Ansprechbarkeit bedarf vieler Stunden, in denen du nicht sprichst. Was man tatsächlich schulen kann, ist empfänglicher zu werden." (Botho Strauß, S.130, Gedankenbuch)

So hat Illich aufgezeigt, dass selbst das heutige Benutzen von Werkzeugen auf einer religiösen Vorbedingung fußt: „So wie Engel Werkzeuge benutzen, lernten die Menschen, Weber, Schmiede, Zimmerleute und Schuster zu sein, um sich gegen die Kälte zu schützen und in einer Welt voller Dornen gehen zu können. Indem sie Gottes Gebrauch des Instruments nachahmten, sind sie nicht Schöpfer, sondern nur Hersteller der Dinge, die angesichts ihres gefallenen Zustands ein notwendiges Gegenmittel sind." (Illich 2006/S.102)

So wird der moderne Begriff der Angst als eine Fehldeutung der mittelalterlichen Furcht interpretiert. Furcht im Sinne von Gottesfurcht. Ich fürchte, dass der Herr kommen könnte und ich würde diesen Moment verpassen. Für Illich war und bleibt der Mensch ein Wesen zwischen Himmel und Erde. „Die Entsprechung zwischen Himmel und Erde war grundlegend für alles klassische Denken. Wie du weißt, habe ich einmal diese Entsprechung in Bezug auf das untersucht, was ich ‚Genuss' nannte." (Illich 2006/S.159)

Illich bedauerte, dass der moderne Mensch nur in Nützlichkeitskategorien denkt, der Begriff der Umsonstigkeit, der Absichtslosigkeit ist verloren gegangen und damit einhergehend auch der Sinn für die Schönheit, das Gute, das Absolute und die Stimmigkeit. „Ich bin der festen Überzeugung – und ich kann das untermauern, indem ich auf bedeutende Denker und Autoren unseres Jahrhunderts verweise –, dass der Verlust der Umsonstigkeit einen Aspekt der Moderne bildet. Einer der tieferliegenden Gründe dafür ist, dass die Philosophen seit der Aufklärung im Großen und Ganzen nicht mehr über Ethik und Moral als Suche nach dem Guten sprechen, sondern zunehmend über Werte." (Illich 2006/S.253)

Ivan Illich entwickelte absichtslos kleine Kunstwerke, verpackt in Büchern, Vorlesungen und Gesprächen. Die Gesprächspartner waren mehr oder minder aufnahmefähig dafür. Sie mussten das Sagbare ihrerseits wieder in ein Unsagbares transferieren. Das Böse erkannte er in einem verbürokratisierten Christentum, das sich in der säkularen Welt als Verschulung der Gesellschaft, als Technisierung der Welt zeigt. „Das *mysterium iniquitatis* ist ein *mysterium*, weil es nur durch die Offenbarung Gottes in Christus erfasst werden kann. Das muss man anerkennen." (Illich 2006/S.85) Illich hat keine klösterliche Gemeinschaft gegründet. Er erinnerte aber oft an den Zisterziensermönch und Mystiker des 12. Jahrhunderts, Aelred von Rievaulx, mit dessen Äußerungen zur geistlichen Freundschaft, die im Göttlichen verankert ist.

Fazit

Nasr hat in seiner Erkenntnis des Heiligen das Heilige nicht verklärt, sondern ihm klare denkerische Attribute verliehen: Die heilige Wissenschaft denkt den Menschen als ein Wesen zwischen Himmel und Erde, verbindet den Kosmos mit der Erde, verknüpft Ewigkeit mit Zeit, versucht, das Unsagbare zu umkreisen, sieht die Welt als ohne Anfang und ohne Ende. Sie denkt die Welt vom Göttlichen aus.

Illich versteht sich eher als Kritiker und Provokateur. Sein Ausgangspunkt ist der prometheische Mensch, dem er den pontifikalen Spiegel vorhält. Er geht von der entchristlichen Welt aus und zeigt, dass sie einer mittelalterlichen Durchleuchtung bedarf. Sein Thema ist die gottlose Wissenschaft, die das Gefühl für das Ewige immer stärker verliert. Er hat keine heilige Wissenschaft geschrieben, sondern war dem Bösen in einer scheinbar neutralen Welt auf der Spur.

Literatur

Illich, Ivan: In den Flüssen nördlich der Zukunft. Letzte Gespräche über Religion und Gesellschaft mit David Caley, München 2006

Nasr, Seyyed Hossein: Die Erkenntnis und das Heilige (Knowledge and the Sacred 1981), deutsche Ausgabe, München 1990

Strauß, Botho: Allein mit allen. Gedankenbuch, München 2014

20. Apokalyptische Ölbergrede

In seiner apokalyptischen Ölbergrede spricht Christus zu seinen Jüngern über die Zerstörung des Tempels: „Was ihr da anschaut – es werden Tage kommen, wo kein Stein auf dem anderen bleiben wird, der nicht zerstört würde." (Lk 21,6) Die alte Ordnung steht vor der Zerstörung, seine neue christliche Ordnung wird erwartet. Die Jünger fragen, wann wird dies geschehen und was ist das Zeichen dafür? Er antwortet: „Sehet zu, dass ihr nicht irregeführt werdet! Denn viele werden unter meinem Namen kommen und sagen: Ich bin's und die Zeit ist genaht. Laufet ihnen nicht nach!" (Lk 21, 8-9) Es werden Kriege und Zerstörungen kommen und es drohen harte Verfolgungen und Quälereien. „Denn ich werde euch Mund und Weisheit geben, der all eure Widersacher nicht werden widerstehen oder widersprechen können. Ihr werdet aber auch von Eltern und Brüdern und Verwandten und Freunden ausgeliefert werden, und ihr werdet um meines Namens willen von jedermann gehasst sein." (Lk 21, 15-17) Allerdings werden die Standhaften belohnt: „Und nicht ein Haar von eurem Haupt wird verlorengehen. Durch eure Standhaftigkeit gewinnet euer (künftiges) Leben." (Lk 21, 18-19)

Das berühmte Zitat, dass kein Stein auf dem anderen bleibt, bezieht sich auf das alte Gesetz. Christus kündigt hier seine Kreuzigung und Auferstehung an, er ist der Überwinder des Todes und setzt damit die alte Ordnung und die damit verbundenen Regeln und Verhaltensweisen außer Kraft. Christus kommt bis in die tote Materie hinein, er bleibt aber nicht im Toten stecken, sondern überwindet die Materie, er schafft neues Leben.

Die Frage nach dem gerechten Leben wird also modifiziert. Bisher galten als gottesfürchtig: Gottesliebe, Nächstenliebe und Eigenliebe. Aber Christus hat durch Tod und Auferstehung nicht die Liebe in die Welt gebracht, die gab es auch schon vorher, sondern die Liebe zur Tat, das schließt die Spiritualisierung der Materie ein. Dass die Standhaften belohnt werden, kann man so verstehen, dass Leiden und Verfolgung in einem höheren Sinne notwendig und sinnvoll sind. Nur so kann der drohenden Apokalypse begegnet werden.

Wenn heutzutage davon gesprochen wird, dass „alle Steine umgedreht werden müssen", ist diese biblische Metapher in einem säkularen Sinn gemeint. Beispielsweise, um Kosten zu sparen wird alles auf den Prüfstand gestellt. Es geht dabei nicht um eine höhere Ordnung, sondern um eine technokratische Reform.

Die apokalyptische Ölbergrede kann auch in einem kosmischen Sinne gedeutet werden. „Und es werden Zeichen eintreten an Sonne, Mond und Sternen und auf Erden. Angst der Völker, sodass sie sich nicht zu raten wissen, vor dem Toben und Wogen des Meeres. Menschen werden den Geist aufgeben vor Furcht und Erwartung der Dinge, die über den Erdkreis kommen werden; denn die Kräfte im Himmel werden erschüttert werden. Und dann wird man ‚den Sohn des Menschen auf einer Wolke kommen sehen' mit großer Macht und Herrlichkeit. Wenn aber das zu geschehen anfängt, so richtet euch auf und hebet eure Häupter empor, denn eure Erlösung naht." (Lk 21, 25-28)

Trotz aller Not, Erschütterungen und Leiden sollen die Jünger die Wiederkehr Christi erwarten. „Und er sagte ein Gleichnis: Schauet auf den Feigenbaum und alle Bäume. Wenn sie ausschlagen und ihr sehet es, so merkt ihr von selbst, dass der Sommer schon nahe ist. So sollt auch ihr, wenn ihr dies geschehen seht, merken, dass das Reich Gottes nahe ist. Wahrlich ich sage euch: Dieses Geschlecht wird nicht vergehen, bis alles geschehen sein wird. Der Himmel und die Erde werden vergehen, meine Worte aber werden nicht vergehen." (Lk, 21, 29-33) Das Leiden Christi und das kommende Leiden der Jünger bilden eine Einheit, sie ist ein Vorbild für die ganze Welt. Ohne Leiden keine Auferstehung.

Für die praktische Tat kann dies auch als ein universelles Prinzip begriffen werden. Es genügt eine intuitive, wahrhaftige Idee, Liebe und Opfer für die Sache und eine Ernte auf höherer Ebene. Es wäre ein gelungener Prozess der schöpferischen Zerstörung. Ein Segen für die konkrete Situation, für Mensch und Welt sinnigerweise. Botho Strauß formuliert seine Einwände so: „Die Christen sind des Anfangs nicht kundig; sie sind seiner vergesslich, sie nehmen die Schöpfungsgeschichte nicht ernst. Besessen sind sie dagegen vom Ende in Heils- und Unheilsgeschichte. Nicht von ungefähr sind es ihre eschatologischen Epigonen, die Marxisten, aus deren gebrochenen Vernünften, gescheiterten Hoffnungen jetzt die unheilsgeschichtlichen Dämpfe und Ahnungen am stärksten entweichen. Der systematische Pessimismus als Folge der Aufdeckung einer systematischen Geschichtstäuschung – aber was sind schon helle Köpfe wert, die einen Kater haben?" (Strauß 1987/S.135)

Literatur

Agamben, Giorgio: Die Zeit, die bleibt, Ein Kommentar zum Römerbrief, 1. Aufl., Ffm 2005

Die Heilige Schrift, Zürcher Bibel: Evangelium nach Matthäus, 24

Die Heilige Schrift, Zürcher Bibel: Evangelium nach Lukas, 21

Strauß, Botho: Niemand anderes, München 1987

21. Die Politik der Umkehr

Die moderne Wissenschaft (auch Medienwissenschaft) steht in der Gefahr, dass sie sich zu sehr auf eine zweckrationale Argumentation und Wirkungsanalyse verlässt, die den Bezug zu einer höheren Welt verliert. Ein perfekt scheinendes Instrumentarium wird atomisiert in den unterschiedlichsten Bereichen angewendet. Die Ganzheit scheint verloren zu gehen. Plausibilitäten und empirische Beweisbarkeiten, garniert mit negativen Zukunftsszenarien, gewinnen an Bedeutung. Es wird nicht mehr die Ideenwelt als Substanz vermittelt, sondern es werden nur die Wirkungen von Ideen untersucht, nicht mehr der Wahrheitsgehalt der Ideen, oder man überlässt den Interpreten die Wahrheitsfrage. Diese entscheiden dann nach subjektiven Gesichtspunkten, ob die Ideen für sie brauchbar sind.

In dieses theoretische Gemengelage platziert Jochum überraschenderweise seine Neuinterpretation des Apostel Paulus (Jochum 2008). Er sieht im Leben und Werk des Apostels einen theoretischen Ansatzpunkt, um das stählerne Gehäuse der wissenschaftlichen Hörigkeit zu durchbrechen. „ ‚Wahrheit' ist jetzt nicht mehr in der Rückführung des Denkens auf evidente Archai zu finden, um dort die Notwendigkeit als Brücke zwischen Denken und Welt zu enthüllen, ‚Wahrheit' ist jetzt vielmehr der auf nichts zurückführbare Anfang des Sprechens – ein Ereignis, das aus einer Zone, in der es kein Sprechen gibt, uns überkommt und uns zu einem Sprechen nötigt, das nicht notwendig ist." (Jochum 2008/S.49)

Die moderne Wissenschaft hat nach Auffassung des Autors die theologische Fundierung der Logik in der griechischen Philosophie aufgegeben. Die Denkgesetze basieren nicht mehr, wie z.B. bei Aristoteles, auf der Lehre vom Seienden als solchem, sondern auf einem soziologischen Fundament. „Kurz, aus der ontologischen ist eine soziale Gesetzesnotwendigkeit geworden, die ihre ontologische Ungesichertheit durch den sozialen Zwang zur Befolgung von Denkgesetzen kompensiert und diesen Zwang dadurch versüßt, dass die Wissenschaft treibenden Subjekte ein globales Projekt voranzubringen meinen, das mit immer neuen Erfolgsmeldungen zu belegen scheint, wie weit man es durch den Verzicht auf Ontologie doch bringen kann." (Jochum 2008/S.18)

Die Wissenschaft hat nach Jochum einen Zwangsmechanismus zur Steuerung der Welt entwickelt. Dieser kann sich aber immer nur auf die Vergangenheit beziehen. „Wissenschaftliche Wahrheit ist die Wahrheit des Vergangenen, und wissenschaftliche Gesetze schreiben der Natur die stete Wiederholung ebendieses Vergangenen vor." (Jochum 2008/S.21) Dieser Zwangsmechanismus wird auch deutlich an der Technik, die man vermeintlich als wertneutral betrachtet. „Das heißt nichts anderes, als dass die Ontologie der Notwendigkeit und ewigen Wiederholungen des Vergangenen in ihrer technischen Umsetzung die Substanz aufbraucht, von der sie zehrt: Wenn alles, was immer schon so erschienen ist, durch die Technik kontaminiert und zerstört sein wird, wird nichts mehr so erscheinen können, wie es war, bis, bei fortgesetzter Kontamination und Zerstörung, schließlich überhaupt nichts mehr erscheinen kann, weil mit dem Menschen auch der Logos und die Technik verschwunden sein werden, in deren Bezirk alles Erscheinende bislang erschien." (Jochum 2008/S.23)

Der technische Zugriff wird blind für seine eigenen Grundlagen. Den Grund für sein Handeln will man gar nicht mehr wissen. Man kann dies mit dem Begriff ‚Nihilismus' beschreiben. „Es gibt keine andere Wahl: Um diesen nihilistischen Zerstörungsprozess aufzuhalten, müssen wir zu jenen evidenten Ausgangspunkten zurückgehen, deren Notwendigkeit für das griechische Verständnis von Wahrheit außer Frage stand. Tatsächlich ist hier die Notwendigkeit aber nur solange notwendig, als man die Welt unter dem Aspekt des bisher immer so Erschienenen beschreiben will." (Jochum 2008/S.24)

Damit stellt Jochum seine Kernfrage, „ob es eine den evidenten Archai analoge Erfahrung gibt, die nicht zur Wiederholung des Vergangenen und der Herrschaft der Notwendigkeit führt." (Jochum 2008/S.25) Die Antwort habe Paulus gegeben: „als er dem Gesetz und der Notwendigkeit seine Verkündigung entgegenstellte, die auf keine Archai zurückgeht, sondern auf den Ruf (…) Gottes." (Jochum 2008/S.25-26)

Die Botschaft des Paulus ist nicht zu diskutieren, sondern anzunehmen. Sie beruht auf einer ‚Torheit', dass Christus von den Toten auferstanden ist, zudem ist sie eine frohe Botschaft. Zur Aufnahme der Botschaft braucht man aber eine bestimmte Gabe: „Menschlich gesehen ist der Inhalt der Botschaft zu töricht, um sich von selbst zu verstehen; und menschlich gesehen ist die Form, in der Paulus seine Botschaft ausrichtet, zu stümperhaft, um durch philosophisch-kluge Rhetorik beeindrucken und überzeugen zu können; statt dessen hängt alles davon ab, dass Paulus eine Gabe (…) zuteil wurde, die ihm erlaubt, seine Botschaft mit Geist (…) und dynamischer Kraft (…) auszurichten und damit hör- und verstehbar zu machen." (Jochum 2008/S.27)

Die Botschaft ist eine Zumutung für den gesunden Menschenverstand. Wer den Ruf der Botschaft hört, gehört zu den Geretteten. Die paulinische Botschaft, dass Gott als Schwäche und Torheit zu sehen ist und damit menschlich und sterblich wird, diese Botschaft ist aber nicht von Menschenart, sondern von einer höheren Art. Durch die Todesfrage stellt sich auch die Frage nach dem Anfang. „An diesem Nullpunkt steht der absolute Anfang, aus dem alles andere entspringt. Er ist absolut im Wortsinne: Losgelöst von aller Legitimität gibt es nichts, was diesen Anfang begründen könnte. Das eben ist das Geheimnis der evidenten Archai der Griechen, wie es im selben Atemzug das Geheimnis der Zeichen Juden oder das Geheimnis von Jesus Christus ist: Es handelt sich um absolute Anfänge, die ihre Legitimität keinem Vorausliegenden entborgen können, um aus dieser vorausliegenden Legitimität eine universale Geltung ableiten zu können." (Jochum 2008/S.33)

Mit der Frage des neuen Anfangs ist die Frage verbunden, ob es dann noch eine Gemeinschaft geben kann. Paulus nimmt die Kraft für einen neuen Anfang und für neue Gemeinschaften aus dem Vertrauen, der Pistis. Das naturaufschließende Vertrauen basiert auf der Übereinstimmung von Logos und Nomos. „Und das dialogische Prüfverfahren dient der Aufdeckung dieser Übereinstimmung, indem es den Logos angibt…und darin den Nomos zu Wort kommen lässt. Wo das gelingt, erfahren wir die göttliche Ordnung der Natur in all ihrer Schönheit, die in nichts anderem besteht als der währenden Dauer des Nomos, die wir im Logos mitteilen können." (Jochum 2008/S.37) Der Natur können wir vollkommen sicher sein, weil sie einer ehernen Notwendigkeit gehorcht. Unserer persönlichen Überzeugung können wir sicher sein, weil sie sich einem Wissen und einer Wissenschaft fügt, die jeder Überprüfung stand hält. Im Gegensatz zu dieser Vorstellung von Pistis hat für Paulus das Vertrauen noch eine weitere Bedeutung. Die Pistis ist auch der Anfang aller Entwürfe. Der Entwurf läuft allem Erkennen voraus und macht das zu Erkennende erst möglich. Die Gerechtigkeit Gottes wird ‚aus Glauben zum Glauben' offenbar. „Wenn Paulus die Kraft zu einem gemeinschaftsbildenden neuen Anfang aus dem Glauben nimmt, dann heißt das nun nichts anderes als dies: er nimmt die Kraft zum Anfang aus dem Anfang selbst." (Jochum 2008/S.41)

Wie kann aber das Neue von anderen gehört werden, wenn es eine Torheit ist? Da man niemanden zu einer neuen Botschaft zwingen kann, muss es an der Botschaft selbst liegen, an ihrem spezifischen Geist. Es gilt nun, diese Botschaft zu verkünden. „Ebendieses Bekenntnis macht den Berufenen zu einem Christen und fügt ihn einer Gemeinschaft ein, die sich im Rahmen des pneumatischen Ereignisses konstituiert: aus den Berufenen formiert sich die Gemeinschaft der Berufenen (…), in der sich zeigen muss, ob sich die Umkehr auch leben lässt." (Jochum 2008/S.60)

Die Gemeinschaften, die von Paulus begründet werden, sind ‚Werke im Herrn' und damit universal. Paulus ist ein Apostel, der Jesus nicht selbst erlebt hat. Er verfügt weder über eine besondere Autorität, noch über rhetorisches Talent und ist auch von einer Krankheit lebenslänglich geschlagen. Er verkörpert am ehesten einen schwachen Gott und einen Neuanfang. „Auf was es daher für die Legitimität eines Apostels einzig ankommt, ist dies: dass er in der absoluten Freiheit der neu beginnenden Botschaft Gehör zu finden und aus der Menge der Hörenden eine Gemeinde ins Leben zu rufen vermag." (Jochum 2008/S.71)

Da Paulus über geringes Talent verfügt, ist er angewiesen auf die Kraft seiner Botschaft, an die er absolut glauben muss, um Erfolg zu haben. Seine Umkehr muss glaubwürdig sein, dann kann er auch andere bekehren. „Da nun aber im Zentrum dieser Umkehr nichts anderes zu finden ist als der Glaube, der ein Glauben ist, ist die Umkehr sowenig wie der Glaube als ein einmaliger Akt zu denken. Vielmehr ist auch die Umkehr ein Prozess, der offen bleibt und in seinem Resultat nicht feststeht, so dass die gesamte von Paulus initiierte Bewegung eine Bewegung bleibt." (Jochum 2008/S.75)

Die Umkehr selbst ist nicht nur ein irdischer Prozess, sondern ein pneumatischer. „Kurz: der Glaube an Jesus Christus und die aus dem Glauben erwachsende Einheit der Berufenen ist ein pneumatischer Prozess, der sich nur dann auf die Einheit in Christus umkehren kann, wenn er dabei zugleich auf seinen Ursprung als ‚Werk im Herrn' orientiert bleibt." (Jochum 2008/S.76)

Die einzelnen Gemeindemitglieder haben unterschiedliche Talente und Gaben. „Und das bedeutet für jedes Gemeindemitglied, seine persönliche Begabung nicht hinanzustellen und allen anderen gleich zu werden, sondern die je besondere Begabung als Beitrag zum Aufbau der Gemeinde zu verstehen." (Jochum 2008/S.80-81)

Basis des Handelns der Gemeindemitglieder ist die Liebe, die nicht deduziert werden kann. „Der Ort dieser Liebe ist nicht das Herz des individuellen Christen, sondern zunächst die Gemeinschaft der Gläubigen, die sich wechselseitig Liebe schulden." (Jochum 2008/S.88) Die Gemeinschaft der Gläubigen wird zu einem eigenständigen Leib, zu einem Tempel. „Indem nun der pneumatisch verstandene Leib den Menschen außerhalb solcher Objektbeziehungen situiert, kann er ganz zu Recht ein ‚Tempel' heißen, weil mit dem Tempel ein heiliger Bezirk gesetzt ist, in dem es nicht um instrumentelle Bezüge geht, sondern um den in Gott gegründeten Sinn der Welt." (Jochum 2008/S.93)

Von hier aus gelingt Paulus eine Fundierung von Gemeinschaft, die nicht auf Hierarchie beruht, sondern auf wechselseitiger Partnerschaft. „Aber genau aus dieser Schwäche und nur aus ihr erwächst die Möglichkeit einer wechselseitigen Partnerschaft, die in Liebe realisiert, was kein Gesetz dieser Welt befehlen kann: Freiheit." (Jochum 2008/S.97) Die so verstandene Freiheit geht über das Christentum hinaus und wird universal. „Weil der Anspruch, das liebende Tun der Freiheit als eine Schwächung sämtlicher Ansprüche (aller ‚Gesetze') zu realisieren, universal ist, wird der Raum, in dem die Christen agieren, zu *einem* Raum, in dem die christliche Gemeinschaft als *ein* ‚Leib' (…) handelt, dessen Glieder sich wie Brüder *einer* Familie zueinander verhalten." (Jochum 2008/S.101)

Der Staat erhält eine Hilfsfunktion, da das christliche Handeln unvollkommen ist. Der Staat steht allerdings auch im Dienste Gottes. „Da aber die Zeit des Stückwerks unübersehbar ist und bleibt, herrscht nach menschlichem Ermessen in dieser Zeit zwischen den christlichen Gemeinschaften und dem Staat selbst eine Spannung, die nur im Hinblick auf die agapistische Wechselseitigkeit überwunden werden kann, indem die den Christen und die den Staatsbeamten geschenkten Gnadengaben nicht gegeneinander behauptet, sondern einem Prozess gegenseitiger Schwächung unterworfen werden." (Jochum 2008/S.104)

Der Prozess der neuen Gemeinschaftsbildung, der Entwicklung von Liebe, die ständige Umkehr kann nur in Freiheit als ein Weg begriffen werden. „Kurz, der neue Bund praktiziert eine politische und territoriale Entgrenzung und ist nichts anderes als der eschatologische Weg, den die Gemeinschaft der Glaubenden in liebendem Tun einschlägt." (Jochum 2008/S.108)

Die christlichen Gemeinden, die sich in der Form eines Bundes zusammenfinden, beschreiten einen Weg. „Wenn daher am Horizont dieses Weges, auf den uns der neue Bund führt, tatsächlich jener Moment aufscheint, da der Tod als ‚letzter Feind' entmachtet und Gott ‚alles in allem' sein wird, dann fällt dort am Horizont die Fülle des Irdischen mit der Totalpräsenz Gottes zusammen." (Jochum 2008/S.110)

Die Gefahr des Weges besteht darin, dass man niemals ankommt. Dies könnte als eine Weltflucht gedeutet werden. Paulus will aber eine Geschichte ins Werk setzen, indem er einen neuen Anfang setzt. „Für die empirische Gegenwart heißt das, dass sie genau dann erklärt ist, wenn sie als notwendige Emanation des tragenden Ursprungs dargestellt oder analysiert ist; und da dieser tragende Ursprung als ewige Gegenwart vorgestellt wird, ist die empirische Gegenwart zuletzt genau dann erklärt, wenn sie als notwendige Emanation der ewigen Gegenwart aufweisbar ist. Wo dies geschieht, wird die Zeit stillgestellt: alles ist jetzt so, wie es ist, weil es notwendigerweise immer schon so war, ist und sein wird." (Jochum 2008/S.123)

Geschichte und Entwicklung beruhen dabei nicht nur auf Vergangenem. „Genau dagegen wendet sich das Christentum, das mit Paulus verstanden hat, dass es Freiheit nur geben kann, wenn es einen absoluten Anfang gibt. Denn alleine der absolute Anfang überwindet die geschlossene Welt der ewigen Gegenwart und eröffnet dadurch den Spielraum einer Geschichte, die mehr und anderes ist als der Erscheinungsraum ewig-unveränderlicher Archai: Geschichte im Zeichen des Christentums ist eine Geschichte, die nicht nur mit einem absoluten Anfang beginnt, sondern auch im Laufe der Geschichte Neues ermöglicht, weil sie den Menschen frei macht, absolut Neues zu schaffen." (Jochum 2008/S.127)

Die Geschichte hat einen Richtsinn, indem sie auf Gott zeigt. „Kurz: in Christus zeigt sich nicht der geheime notwendige Motor der Geschichte, sondern das von den Menschen frei zu wählende Grundmotiv ihres Handelns, das sie auf nichts anderes verpflichtet als darauf, diese Freiheit gegen alle scheinbaren Notwendigkeiten zu leben." (Jochum 2008/S.140)

Paulus führt nicht in die Weltflucht, sondern in die Welt hinein. „Das von Paulus verkündete Christentum führt keineswegs aus dieser Welt hinaus, sondern in diese Welt hinein. Freilich ist die Welt, in die uns der Apostel führen will, keine Welt des Immer-so-Seienden, das Mythos und Wissenschaft festschreiben, sondern eine dynamische Welt der Veränderung, die zielorientiert ist, ohne dass dieses Ziel freilich in substantieller Weise vorgegeben wäre." (Jochum 2008/S.152)

Form und Inhalt unseres Weltbezuges ist die freiwillige Annahme einer unvollkommenen Welt. „Es kann aber auch so geschehen, dass man die Welt in ihrer defekten Fülle annimmt, um sie in einem prothetischen Entwurf umzugestalten." (Jochum 2008/S.154) Basis der Geschichte ist die Umkehr. „Niemand, auch Paulus nicht, kann sagen, wann dieses Ende kommen wird. Und es ist auch irrelevant, diesen Zeitpunkt zu kennen. Denn was zählt, ist einzig und allein die Umorientierung unseres Lebens, die mit dem Glauben an Christus beginnt, so dass die Dimension dessen, was Paulus beharrlich ‚Fleisch' nennt, an Relevanz verliert, um durch die Dimension des Christus ersetzt zu werden, die die Dimension einer neuen ‚Schöpfung' ist." (Jochum 2008/S.155)

Der neue Anfang birgt eine neue Schöpfung in sich. „Diese neue Schöpfung steht aus, aber sie hat in Christus bereits begonnen, und sie wird durch uns, die Kinder Gottes, gestaltet werden. Das Äußerste und Letzte (…) der neuen Schöpfung ist daher nicht ein zeitlich ferner Augenblick, sondern ebender Christus, der längst schon ‚zu einem lebendigmachenden Geist' geworden ist. Das Äußerste und Letzte ist die im Kreuz Christi ‚gekreuzigte Welt'." (Jochum 2008/S.155)

Die paulinische Botschaft erfordert auch eine andere Ökonomie. Es stehen nicht mehr die irdische Tauschgerechtigkeit und die damit verbundene Arbeitsteilung im Vordergrund. Vielmehr münden Opfer und Hingabe in einen versöhnlichen Tausch mit der höheren Welt: „Ein Verhältnis der Menschen zueinander, das kein ökonomisches Verhältnis mehr ist, in dem Menschen und Welt verbraucht werden, sondern ein Verhältnis, das jeden einzelnen und alle Welt das sein lässt, was sie von sich aus sind, für alle Zeit." (Jochum 2008/S.173)

Der Autor rührt an einer Achillesferse der modernen Wissenschaft, besonders der Medienwissenschaft. Sie produziert immer mehr Fakten und Daten, aber es fehlt eine schlüssige Perspektive und Interpretation des Datenmaterials. Dadurch fühlen wir uns immer informierter, aber wir müssen uns auch nach der Substanz der vielen sich widersprechenden Informationen fragen. Es stellt sich das berechtigte Problem, wie das stählerne Gehäuse der Informationsüberflutung und der niveaulosen Beliebigkeit durchbrochen werden kann. Hier stellt Jochum durchaus richtige Fragen. Paulus lebt mit und in der Wahrheit. Die moderne Wissenschaft glaubt außerhalb zu stehen und will die Daten nur generieren und plausibel interpretieren. Sie wird damit zur gottfremden Macht (Max Weber) im Dienste des Nihilismus (Martin Heidegger). Der Autor erläutert spannende Argumente zur Medienwissenschaft und eine kluge Darstellung der paulinischen Welt.

Der weite Begründungsbogen, den Jochum schlägt, wird aber nur zu Beginn aus der Abgrenzung zur modernen Wissenschaft entwickelt. Im Verlaufe der Arbeit verliert sich dieser Bezugspunkt mehr und mehr und wird hauptsächlich zu einer Paulusinterpretation und zu einer Interpretation des Christentums überhaupt, die allerdings nicht mehr auf die Wissenschaftsfrage rückbezogen wird. Dadurch erhält die Arbeit eine wohltuende inhaltliche Offenheit und Weite. Es wird aber auch spürbar, dass der Spannungsbogen nur ein Vehikel sein kann, nur ein erster Schritt, um die moderne Wissenschaft berechtigterweise substanziell neu zu betrachten und um zu fragen, ob die gelieferte Paulusinterpretation wirklich originell ist und ob sie nicht besser für sich betrachtet werden müsste, im Zusammenhang einer genaueren Textexegese der Paulusbriefe.

Literatur:

Jochum, Uwe: Die Sendung des Paulus. Politik der Umkehr,

Paderborn/München/Wien/Zürich 2008

22. Vom Holzweg zum Feldweg

Man kann den Feldweg von Martin Heidegger (1969) als eine Metapher lesen für eine neue wissenschaftliche Herangehensweise, für eine wissenschaftliche Revolution im Sinne von Thomas S. Kuhn. Die moderne Wissenschaft beschäftigt sich sehr stark mit empirischen Methoden, mit Zählen und Messen. Es werden Hypothesen gebildet und einer Verifikation und Falsifikation unterzogen. Die Ergebnisse entspringen nicht mehr der Intuition des Forschers auf dem Sofa bei einer Flasche Rotwein (Max Weber), sondern sind harte Computer- und Büroarbeit. Diese Praxis stößt immer stärker an Grenzen, vor allem werden so die Dinge zunehmend quantitativ betrachtet und das Qualitative wird vernachlässigt. Diese zirkulären Einseitigkeiten können die Realität nur unzulänglich erfassen. Warum nicht den Vorschlag von Martin Heidegger beachten für einen radikalen Paradigmenwechsel? „Wenn die Rätsel einander drängten und sich kein Ausweg bot, half der Feldweg. Denn er geleitet den Fuß auf wendigem Pfad still durch die Weite des kargen Landes." (Heidegger 1969/S.11)

Der Feldweg ist eine Metapher für einen erholsamen Spaziergang oder für ein Gehen und miteinander Sprechen und einander Zuhören. Gehen und Denken können eine Einheit bilden. „Immer wieder geht zuweilen das Denken in den gleichen Schriften oder bei eigenen Versuchen auf dem Pfad, den der Feldweg durch die Flur zieht. Dieser bleibt dem Schritt des Denkenden so nahe wie dem Schritt des Landmannes, der in der Morgenfrühe zum Mähen geht." (Heidegger 1969/S.11)

Der Feldweg wird beeinflusst von der Natur, in die er eingebettet ist: von Luft, Sonne und Regen. „Immer noch sagt es die Eiche dem Feldweg, der seines Pfades sicher bei ihr vorbeikommt. Was um den Weg sein Wesen hat, sammelt er ein und trägt jedem, der auf ihm geht, das Seine zu." (Heidegger 1969/S.12)

Die moderne Wissenschaft wird immer komplexer und komplizierter. Wer hat dabei noch den Überblick? Man braucht eine Reduktion auf Basisaussagen. „Das Einfache verwahrt das Rätsel des Bleibenden und des Großen. Unvermittelt kehrt es bei den Menschen ein und braucht doch ein langes Gedeihen. Im Unscheinbaren des immer Selben verbirgt es seinen Segen. Die Weite aller gewachsenen Dinge, die um den Feldweg verweilen, spendet Welt. Im Ungesprochenen ihrer Sprache ist, wie der alte Lese- und Lebemeister Eckehardt sagt, Gott erst Gott." (Heidegger 1969/S.13)

Die Wissenschaft muss sich ihre Haltung zur Transzendenz wieder neu erwerben. Eine vornehmlich säkulare Interpretation blendet einen Großteil der Realität aus und führt zu engstirnigen Fehlurteilen. Die Wissenschaft muss auch wieder in die Realität hineinhören. „Aber der Zuspruch des Feldweges spricht nur so lange, als Menschen sind, die, in seiner Luft geboren, ihn hören können. Sie sind Hörige ihrer Herkunft, aber nicht Knechte von Machenschaften." (Heidegger 1969/S.13)

Die moderne Wissenschaft hat die Krisen in der Gesellschaft mitverursacht durch eine unzulängliche Problembeschreibung und durch technokratische und bürokratische Lösungsansätze. „Der Mensch versucht vergeblich, durch sein Planen den Erdball in eine Ordnung zu bringen, wenn er nicht dem Zuspruch des Feldweges eingeordnet ist. Die Gefahr droht, dass die Heutigen schwerhörig für seine Sprache bleiben. Ihnen fällt nur noch der Lärm der Apparate, die sie fast für die Stimme Gottes halten, ins Ohr. So wird der Mensch zerstreut und weglos. Den Zerstreuten erscheint das Einfache einförmig. Das Einförmige macht überdrüssig. Die Verdrießlichen finden nur noch das Einerlei. Das Einfache ist entflohen. Seine stille Kraft ist versiegt." (Heidegger 1969/S.13)

Der modernen Wissenschaft fehlen Kreativität und Phantasie. Sie ist zu einer engstirnigen Dienstleistung verkommen mit verkniffenen Akteuren ohne Humor und Esprit. Eine freie Wissenschaft mit souveränen Akteuren ist eher die Ausnahme. „Der Zuspruch des Feldweges erweckt einen Sinn, der das Freie liebt und auch die Trübsal noch an der günstigen Stelle überspringt in eine letzte Heiterkeit. Sie wehrt dem Unfug des nur Arbeitens, der, für sich betrieben, allein das Nichtige fördert." (Heidegger 1969/S.14)

Wo bleiben die wissenschaftliche Heiterkeit und Gelassenheit? „In der jahreszeitlich wechselnden Luft des Feldweges gedeiht die wissende Heiterkeit, deren Miene oft schwermütig scheint. Dieses heitere Wissen ist das ‚Kuinzige'. Niemand gewinnt es, der es nicht hat. Die es haben, haben es vom Feldweg." (Heidegger 1969/S.14)

Seit dem großen Aufklärer Immanuel Kant bewegt sich die Wissenschaft in Raum und Zeit, wo bleiben aber die Erkenntnisse jenseits davon? „Die wissende

Heiterkeit ist ein Tor zum Ewigen. Seine Tür dreht sich in den Angeln, die aus den Rätseln des Daseins bei einem kundigen Schmied einst geschmiedet worden." (Heidegger 1969/S.14)

Die moderne Wissenschaft ist aus der Religion entstanden und will diese verdrängen. Da läuten doch für beide die Totenglocken. „Langsam, fast zögernd verhallen elf Stundenschläge in der Nacht. Die alte Glocke, an deren Seilen oft Bubenhände sich heißgerieben, zittert unter den Schlägen des Stundenhammers, dessen finster-drolliges Gesicht keiner vergißt." (Heidegger 1969/S.14)

Gegen eine lärmende Wissenschaft helfen nur die Stille und Bescheidenheit. „Die Stille wird mit seinem letzten Schlag noch stiller. Sie reicht bis zu jenen, die durch zwei Welt-Kriege vor der Zeit geopfert sind. Das Einfache ist noch einfacher geworden. Das immer Selbe befremdet und löst. Der Zuspruch des Feldweges ist jetzt ganz deutlich. Spricht die Seele? Spricht die Welt? Spricht Gott?" (Heidegger 1969/S.15)

Der Feldweg kann der Wissenschaft eine neue Kraft und Heimat geben. Dazu bedarf es des Verzichtes auf rein quantitative Wahrheitsansprüche. „Alles spricht den Verzicht in das Selbe. Der Verzicht nimmt nicht. Der Verzicht gibt. Er gibt die unerschöpfliche Kraft des Einfachen. Der Zuspruch macht heimisch in einer langen Herkunft." (Heidegger 1969/S.15) Der Feldweg kann zu einer Umkehr führen von einer quantitativ orientierten Wissenschaft zu einer qualitätsbewussten Sichtweise. „Wir brauchen keine weitere Aufklärung mehr. Wir sind aufgeklärt bis zur innersten Zerrüttung." (Botho Strauß) In diesem Sinne wäre der Feldweg von Martin Heidegger neu zu lesen und zu begehen. Denken und Gehen scheinen doch zusammenzugehören. Die wissenschaftlichen Bürotätigkeiten am Computer sollten durch wissenschaftliche Spaziergänge ergänzt werden. Es gibt Sackgassen und Fernstraßen, Holzwege und Feldwege.

Literatur

Heidegger, Martin: Der Feldweg, in: Martin Heidegger, zum 80. Geburtstag von seiner Heimatstadt Meßkirch, Ffm 1969, S.11-15

Strauß, Botho: Der Aufstand gegen die sekundäre Welt, Lessing-Rede 2001

Nachweis früherer Veröffentlichungen

Alternative Denker mit lebenspraktischer Perspektive. In: Sozialimpulse Nr. 3, September 2016, S. 21-23

Hans Georg Schweppenhäuser: Ein Leben in sozialer Verantwortung. In: Das Goetheanum Nr. 38, 20. September 1998

Heimkehr. In: Das Goetheanum Nr. 51, 19.12.2014

Friedrich Georg Jünger. In: Das Goetheanum Nr. 37/37, 6. September 1998

Die Macht des Heiligen. In: Stimmen der Zeit, Heft 1, Januar 2018, S.74-75